A. de MONTGON

L'ÉGYPTE

FERNAND NATHAN

L'ÉGYPTE

A. de MONTGON

L'ÉGYPTE

Illustrations en couleurs de MARILAC

ouvrage orné de 148 photographies

Fernand NATHAN, Éditeur

18, Rue Monsieur-le-Prince

— PARIS-VIe —

1935

Un scribe prêt à inscrire sur son papyrus ce que son maître va lui dicter. Le scribe était un personnage dans un pays où l'écriture était un art difficile. « Le scribe, disait-on, prime tout sur la terre. » Vers dix ans, un enfant qui donnait des signes de précoce intelligence et avait fréquenté l'école depuis l'âge de six ans, entrait en apprentissage chez un scribe établi.

(Scribe accroupi - Cliché Archives Photographiques - Paris)

AVANT-PROPOS

En feuilletant les pages de ce livre, peut-être le lecteur s'étonnera-t-il de ne pas trouver une histoire de l'Egypte relatant avec plus ou moins de détails la succession des événements dont ce royaume fut le théâtre...

L'histoire de l'Egypte s'étend sur quelque six millénaires. Depuis les origines jusqu'à notre ère, trente et une dynasties (en comptant la dynastie hellène des successeurs de Lagos) ont porté, soit la couronne blanche du Sud, soit la couronne rouge du Nord, soit le « pschent » qui réunit les deux couronnes. Ces dynasties ont parfois régné parallèlement; le pays a connu des interrègnes; à plusieurs reprises, par la force des armes, des étrangers se sont assis sur son trône. Résumer ces annales en deux cents pages nous eût amené à composer un manuel rebutant et sec, alors que notre ambition est au contraire d'offrir un livre facile à lire et qui donne à celui qui voudra bien en prendre connaissance une idée de ce qu'étaient ces Egyptiens, dont les monuments nous stupéfient encore par leur beauté et souvent par leurs gigantesques proportions.

Voilà pourquoi nous avons consigné dans ce volume des anecdotes qui illustrent les époques les plus typiques de la longue histoire, qui évoquent les règnes les plus glorieux et les personnages humains ou divins dont le nom est le plus souvent répété dans les collections de nos musées ou sur les ruines de la terre des Pharaons.

Nous donnons, en fin d'ouvrage, la division de l'histoire de l'Egypte ancienne, qui correspond à celle du catalogue des Antiquités égyptiennes du Louvre, dressé par M. Charles Boreux. C'est le cadre dans lequel nous glisserons nos esquisses.

De nombreuses photographies illustrent ce volume. Elles ne se rapportent pas toujours directement au récit dans lequel elles sont enchâssées. Leur ordre est chronologique; ce sont des documents qui permettent d'embrasser d'un coup d'œil, et en s'aidant des légendes, l'ensemble de l'histoire de l'Egypte dont les récits sont les étapes.

Le lotus était le symbole de la Thébaïde et se retrouve dans beaucoup de motifs d'ornementation égyptiens. Le voici décorant de sa fleur et de ses tiges les piliers encore debout d'un des temples de Thèbes. Dans le lotus, tout comme dans le corps des animaux, pouvait se dissimuler l'âme du juste après sa mort.

(Thèbes - Cliché Lehnert et Landrock).

C'est Horus, le dieu bon, le principe du Bien, et aussi le Soleil, source de vie, que représentent les Sphinx, immuables dans leur force sereine. Voilà pourquoi le lion à face humaine se retrouve partout en Égypte, pourquoi les Pharaons — incarnations d'Horus — lui confient le soin de transmettre leur nom aux générations à venir.

(Cliché Archives Photographiques - Paris)

CHAPITRE PREMIER

LES DIEUX DE MEMPHIS

Psammétique, Pharaon de la vingt-sixième dynastie, fils de Râ — vie, santé, force (1), — roi de la Haute et Basse Égypte, avait la prétention de régner sur le peuple le plus ancien de la terre; pour l'établir, il imagina un stratagème : il fit prendre deux jumeaux nouveau-nés et les confia à un berger qui gardait ses troupeaux dans des espaces solitaires.

_____

(1) C'est la formule que l'on trouve auprès du nom des Pharaons légitimes.

Les enfants devaient être élevés dans la compagnie des chèvres et des moutons; il ne serait permis à aucun être humain de les approcher. Le berger avait l'ordre de demeurer toujours silencieux en leur présence. Pas de ces propos que l'on tient aux nourrissons, pas d'appels à ses troupeaux, pas d'exhortations à ses chiens, pas de chansons.

Les ordres du Roi furent fidèlement exécutés et le pâtre éleva les petits jumeaux avec sollicitude et en silence. Quelle ne fut pas la surprise de cet homme, un matin qu'il pénétra dans la cabane où reposaient les deux enfants, de les voir se traîner vers lui sur la terre battue en prononçant le mot de « bécos ».

D'abord le berger pensa qu'il s'agissait d'un son émis au hasard, mais comme les jumeaux répétaient invariablement le même mot chaque fois qu'ils tendaient vers lui leurs petites mains pour réclamer leur nourriture, le pâtre crut de son devoir d'en référer au Roi, qui exigea qu'on lui amenât les enfants.

Devant Pharaon, ceux-ci dirent encore distinctement « bécos » en indiquant par leur mimique qu'ils avaient faim. Psammétique s'informa auprès de ceux qui étaient versés dans l'étude des langues et il apprit que le mot « bécos » signifie «pain» en langage phrygien.

L'épreuve était concluante. Le phrygien était le premier des idiomes humains puisqu'il était celui que parlaient naturellement les hommes, et le

Les divinités égyptiennes sont toujours représentées en «triade». La « triade » osirienne, la plus ancienne, est présidée par Osiris dont la tête est coiffée de la mitre flanquée de deux plumes d'autruche. A sa gauche est son épouse Isis, dont la tête porte le soleil, et qui allaite son fils. Ce fils, Horus, se retrouve à la droite d'Osiris.

(Louvre - Cliché Archives Photographiques - Paris)

*La grande bataille au cours de laquelle Horus triompha de Set aurait eu lieu à Edfou...
Voilà pourquoi les Ptolémées élevèrent en cet endroit un temple au fils d'Osiris, temple que le
célèbre égyptologue Mariette déblaya.*

(Edfou - Cliché Lehnert et Landrock)

prince, ami de la vérité, proclama que la Phrygie l'emportait sur
l'Égypte en ancienneté (1).

Et cependant...

Bien longtemps avant le règne du sage Menès, Râ, le dieu-soleil,
fils d'Atoum, lequel était le père commun des dieux et des hommes,
Râ qui pouvait choisir entre tous les pays qu'éclairaient et réchauffaient
ses rayons, élut l'Égypte pour y établir son empire.

Son palais qui était en même temps son temple s'élevait superbe à
Héliopolis (2) et il y coulait des jours heureux, comme il convient à un
puissant roi qui est aussi un dieu.

Or, il advint qu'un jour, Râ, en descendant fatigué de son char qui

_____

(1) Il est probable que les enfants criaient « bécos » en imitant les sons émis par les chèvres
leurs compagnes de jeux.
(2) Héliopolis, la Ville du Soleil.

l'avait porté, sans station ni relâche, des portes de l'Orient par les voies mystérieuses de la région d'Occident, vit venir à lui la déesse Sekhet au corps de femme et à la tête de lion.

— O dieu suprême, ô prince de lumière, dit cette divinité dont les yeux brillaient de colère, apprends que les méprisables humains ont médit de Ta Sainteté.

Râ, le dispensateur de tant de bienfaits, se montra très affecté par l'ingratitude de ses sujets.

Dans le grand temple d'Héliopolis, une assemblée solennelle fut convoquée sur-le-champ. Il y avait là Shou, le fils de Râ, et Tafnouit, l'épouse de Shou, et Gabou, le fils de Shou et de Tafnouit, et Nouit, l'épouse de Gabou, et Sekhet, la déesse à la tête de lion, qui réitéra ses accusations.

Comme Râ fronçait le sourcil, Nouit, dont le cœur redoutait la violence, parla :

— Seigneur de Vérité et de Justice, ton trône est inébranlable et grande est la crainte que tu inspires. Il suffira que tu manifestes ta colère pour faire reculer les misérables mortels jusque dans le désert.

Mais Râ, dans son indignation, ne voulut pas écouter les paroles de clémence et il envoya Sekhet exercer sa vengeance.

La déesse à la tête de lion ne faillit pas à cette mission agréable; elle massacra les hommes et les femmes par centaines de mille et, pendant plusieurs nuits de suite, elle baigna ses pieds dans leur sang. Ce sang, elle l'expédia au dieu Râ, afin qu'il s'en réjouît la vue et, quand sept mille grandes cruches du rouge liquide eurent été déposées dans son palais, il eut

Horus, dieu à tête d'épervier, fils d'Osiris, vainqueur de Set, la divinité du Mal, le meurtrier de son père. Roi de la dynastie divine, son nom devint un titre qu'adoptèrent les Pharaons des dynasties humaines.

(Louvre - Cliché Archives Photographiques - Paris)

pitié des hommes et ordonna à Sekhet d'épargner désormais la race humaine.

Malgré ce pardon, le dieu-soleil ne se réconcilia jamais tout à fait avec ses sujets; en outre, il sentait venir les atteintes de la vieillesse.

— Je voudrais, dit-il, aller me reposer dans les régions supérieures.

Alors la tendre Nouit, se transformant en vache, emporta son grand-père sur son dos vers les demeures célestes où il retrouva sa vigueur et sa jeunesse.

Après Râ, son fils Shou ceignit la double couronne des Pharaons, celle du Nord qui est rouge et celle du

Le « naos » était un tabernacle placé dans la partie la plus reculée du temple — le Saint des saints — et qui abritait la figurine du dieu. Voici un prêtre à la tête rasée qui porte devant lui un « naos ». Si nous ne possédions pas ces statues, nous n'aurions aucune représentation directe des dieux, les images divines ayant été détruites à l'époque chrétienne.

(Rome - Musée du Vatican - Cliché Alinari)

Sud qui est blanche; il partagea le trône avec Tafnouit; puis ce fut le tour de Gabou et de Nouit. Leur fils Osiris, époux d'Isis, leur succéda.

Le règne d'Osiris fut un règne bienfaisant; il établit les lois civiles et religieuses, organisa le culte des dieux, enseigna aux hommes l'art de cultiver le blé et la vigne, de fabriquer le vin. Le monde entier se rangea sous son sceptre. Ses conquêtes étaient pacifiques. Il n'avait qu'à

paraître pour obtenir la soumission des princes et des peuples. Pendant son absence, Isis, son épouse bien-aimée, gouvernait les nomes (1) avec sagesse, initiant les femmes aux secrets du tissage et de la couture.

Tant de bonté heureuse excita la rage de Set, le frère d'Osiris, né du même père et de la même mère.

— Pourquoi, disait-il à ses amis à l'esprit aussi noir que la poix, pourquoi Osiris est-il le maître de toutes choses et moi, son frère, suis-je réduit à lui obéir?

Lorsque le dieu-roi revint de sa grande expédition, Set alla au-devant de lui.

— Nous avons décidé, mon frère, de célébrer par un banquet cet heureux jour. Te plairait-il d'y prendre part?

Osiris ne voulut pas refuser l'invitation de Set. Ce fut un merveilleux repas. Lorsque les convives eurent mangé et bu jusqu'à la limite de leurs forces, quand eurent défilé devant eux des danseuses, des joueurs d'instruments, des jongleurs et des bateleurs,

Ce « naos » que présente un porteur est celui d'Osiris. On le reconnaît à sa haute mitre flanquée de deux plumes d'autruche, au bâton recourbé et au fouet à trois lanières qu'il tient dans ses mains. En outre, il est emmailloté à la manière des momies ainsi qu'est toujours figuré Osiris, dont le corps fut le premier soumis à la momification.

(Rome - Musée du Vatican - Cliché Alinari)

(1) Provinces.

l'hôte fit apporter au milieu de la salle un coffre de bois rare merveilleusement ouvragé.

Set déclara qu'il ferait don de ce coffre à celui dont la taille correspondrait exactement à sa mesure. Les convives, les uns après les autres, s'y couchèrent, mais pour tous il était ou trop grand ou trop large ou trop court ou trop étroit.

— Ne veux-tu pas essayer? dit l'amphytrion à Osiris.

Le dieu se leva et alla s'étendre dans le coffre qui semblait fait à sa taille — et il l'était en effet. Dès que le maître de toutes choses y fut étendu, Set et ses complices rabattirent le couvercle, le clouèrent, le scellèrent avec des boulettes d'argile sur lesquelles ils imprimèrent leurs cachets.

Le coffre fut alors jeté dans le Nil.

Quand Isis, qui, dans son palais, attendait son mari, apprit la triste

Abydos aurait été, dit-on, le lieu de sépulture du corps reconstitué d'Osiris, le premier des Morts; les pieux Egyptiens désiraient être un jour enterrés auprès du dieu. Abydos fut en quelque sorte la capitale de la Mort et la nécropole y eut bientôt plus d'importance que la cité. Séthos I fit élever là un temple que Ramsès II termina et qui est un des plus beaux que nous connaissions. Il a la particularité d'être consacré à sept divinités. C'était un lieu de pèlerinage que l'on avait à cœur de visiter au moins une fois dans sa vie.

(Abydos - Cliché Lehnert et Landrock)

Une princesse de la IIIᵉ dynastie, sculpture conventionnelle, qui nous renseigne pourtant sur la coiffure, la toilette, les bijoux et le mobilier dont on usait 3.000 ans avant notre ère.

(Turin - Cliché Alinari)

nouvelle, elle éclata en sanglots et ses cris retentirent à travers toute l'Égypte. Puis, après avoir donné libre cours à sa douleur, elle coupa ses cheveux, se couvrit de vêtements de deuil et partit à la recherche de son époux.

Pendant des années, elle parcourut le monde. Enfin, elle découvrit le coffre que les flots avaient porté sur la côte de Byblos. Lorsqu'elle l'eut ouvert et qu'elle eut aperçu le cadavre de son bien-aimé, elle fondit en larmes.

— O mon cher époux, cria-t-elle, je te jure que tu auras ta sépulture dans la terre sacrée d'Égypte.

Elle rapporta la dépouille chérie et la cacha tandis que se déroulaient les préparatifs de l'inhumation solennelle.

Mais, pendant l'absence d'Isis, Set s'était emparé du royaume. Il avait à ses ordres tous les espions, tous les policiers. Il sut qu'Isis avait rapporté le corps d'Osiris et qu'elle l'avait dissimulé. Craignant qu'elle ne le ressuscitât par des incantations magiques, il fit rechercher le cadavre qui fut découvert sous un acacia géant.

— Cette fois, dit-il à ses amis, le corps d'Osiris sera partagé en quatorze morceaux, qui seront dispersés de tous côtés. Je mets Isis au défi de les rassembler, car ils seront la proie des poissons, des fauves nécrophages, des insectes et des oiseaux.

La volonté de Set s'accomplit. Le cadavre du dieu fut dépecé et les quatorze morceaux jetés dans quatorze directions différentes.

La vaillante Isis ne perdit pas courage, elle se remit en route pour rassembler les quatorze fragments du corps pitoyable et adoré. Elle en recueillit treize qu'avaient respectés les poissons du Nil, les fauves nécrophages, les insectes de la terre, les oiseaux du ciel, et elle leur élevait un tombeau sur le lieu même de la découverte. C'est ce qui explique pourquoi, en Égypte, il y a tant de tombeaux d'Osiris. La quatorzième partie du corps du dieu ne put être retrouvée, un crocodile vorace l'avait engloutie.

Cependant Set consolidait son pouvoir et régnait sans conteste sur la Haute et Basse Égypte, sur le Delta du Nil et sur tout le cours du fleuve.

— Redoute Isis et sa vengeance, lui disaient ses amis.

Mais Set ne craignait pas Isis. Du reste, la déesse semblait avoir disparu. En réalité, elle s'était retirée dans un lieu écarté du désert, où elle élevait un fils posthume d'Osiris, le jeune dieu Horus.

La pyramide de Sakkâra est dite « à degrés ». C'est la tombe du roi Zoser de la IIIe dynastie (2980 à 2900 av. J.-C.); elle a six étages et sa hauteur totale est de 61 mètres; cela donne une moyenne de 10 mètres de hauteur à chacune des marches de ce gigantesque escalier.

(Sakkâra - Cliché Lehnert et Landrock)

*Celui qui contemple les paisibles Pyramides se doute-t-il du labeur que représente leur cons-
truction? Hérodote, qui voyageait en Égypte environ 450 ans avant notre ère, affirme que
100.000 hommes travaillèrent à la grande Pyramide de Chéops pendant vingt ans, san
compter dix ans de travaux préliminaires.*

(Cliché Lehnert et Landrock

Quand Horus eut atteint l'âge d'homme, il quitta sa retraite, ras-
sembla tous ceux qui étaient restés fidèles à la mémoire de son père
et ceux qu'avait exaspérés l'injuste et pesante tyrannie de Set. Il
marcha contre l'usurpateur, le vainquit et le fit prisonnier.

A dater de ce jour, Horus régna sur toute l'Égypte. Son premier
soin fut de réunir en un seul lieu le cadavre morcelé de son père.
Avec l'aide d'Isis, de Nephytis, de Thot et d'Anubis, le dieu à la tête
de chacal, il satura le corps divin de matières préservatrices et l'entoura
de bandelettes, fabriquant ainsi la première momie qui servit plus tard
de modèle à toutes les autres.

Horus ayant gouverné la Terre-Entière (1) durant autant de siècles

(1) Les Égyptiens considéraient leur pays comme constituant la terre entière. Hors de leur
frontières vivaient les Barbares, indignes de mention.

Râ vit venir à lui la déesse Sekhet au corps de femme et à la tête de lion.

qu'il le jugea à propos, il laissa le double diadème à ses fils qui le trans-
mirent à un mortel, le roi Ménès, le premier Pharaon de la première
dynastie humaine, celui qui fonda Memphis et qui enseigna l'art
d'ordonner un repas et la manière de manger étendu sur un lit, ainsi
que beaucoup d'autres choses agréables et utiles. Après soixante-deux
ans de règne, Ménès fut tué par un hippopotame, que lui avaient
dépêché les dieux jaloux de son luxe et de son bonheur.

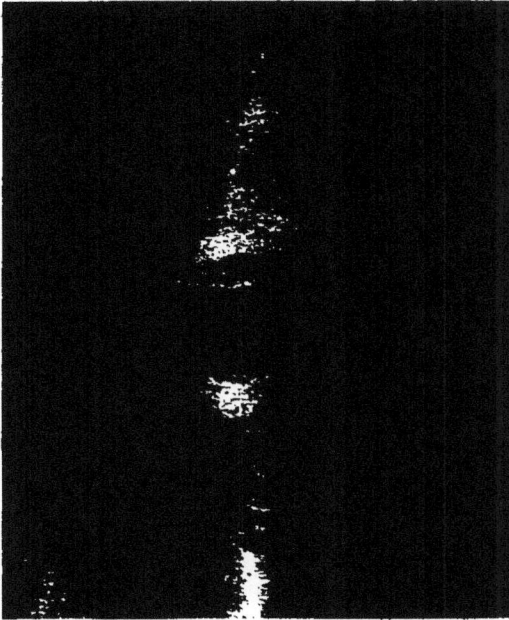

*Cette tête de Pharaon, que l'on pense appartenir
à la IIIe dynastie, ne porte que la mitre ou couronne blanche, qui est le signe distinctif du royaume du
Sud. C'est que, probablement, les ornements de la
couronne rouge, celle des rois du Nord, ont été brisés,
puisque cette troisième dynastie régna sur toute
l'Egypte.*
(Turin - Musée des Antiques - Cliché Alinari)

Ces masses prodigieuses élevées au-dessus d'un simple tombeau et jadis recouvertes d'un revêtement uni, aujourd'hui disparu, témoignent moins du désir de mettre le sarcophage d'un roi à l'abri des profanations que de rendre hommage à la majesté divine du monarque qui y était enterré.

(Cliché Lehnert et Landrock)

Les Pyramides de Gizeh, les trois tombes géantes de Chéops, de Chephren et de Mycérinus. La plus grande, celle de Chéops, mesure 137 mètres de hauteur et 227 mètres de côté. Elle date de la IVᵉ dynastie (2900 à 2750 av. J.-C.). Privée de son revêtement extérieur, elle représente encore 2.352.000 mètres cubes de pierre calcaire jaunâtre.

(Cliché Lehnert et Landrock)

CHAPITRE II

MYCERINUS, LE MALCHANCEUX

Lorsque Mycerinus, Pharaon de la quatrième dynastie, monta sur le trône d'Égypte, il succédait à Chephren qui, lui-même, avait succédé à Chéops. Chéops avait régné cinquante ans et Chephren cinquante-six, soit, à eux deux, cent six ans, cent six ans de misère pour les Égyptiens.

— Je veux, dit Mycerinus à sa fille unique tendrement aimée, faire oublier à mes sujets les souffrances qu'ils ont endurées. Tu sais que mon illustre devancier Chéops, éternellement vivant, pour élever cette pyramide dont l'ombre s'étend sur la vallée, employa cent mille hommes qui se relayèrent tous les trois mois pendant trente années.

— Est-ce vrai, mon père?

— Les scribes ont tenu à jour tous les comptes. Il fallut dix ans pour faire la chaussée et les soubassements et vingt ans pour construire la pyramide proprement dite, sans préjudice du temps qui fut nécessaire à arracher la pierre aux carrières de la montagne d'Arabie et à l'amener à pied d'œuvre.

— C'est à peine croyable.

— Afin que les corps et les esprits soient uniquement occupés à élever son tombeau, Chéops fit fermer les temples. Chephren l'imita en tout, bien que sa pyramide soit moins considérable que celle de son prédé-

La nuit s'étend sur le Nil immense. Les Pyramides de Gizeh détachent sur le ciel leurs silhouettes familières comme des sentinelles vigilantes dressées à la porte du désert.

(Cliché Lehnert et Landrock)

Thot, l'inventeur des sciences et des arts et en particulier de la médecine, est parfois repré-
senté sous forme d'oiseau. Ce dieu, qui imagina l'écriture, est également figuré en babouin.
Cette gravure nous montre un scribe, disciple de Thot, écrivant sous la dictée du dieu-singe,
gravement assis sur un autel.

(Cliché Archives Photographiques - Paris)

cesseur. Et voilà pourquoi les temples des dieux sont encore clos,
pourquoi les finances du royaume sont aussi pauvres, pourquoi les
prêtres gémissent et le peuple gronde au point que l'on n'a pas osé placer
les momies de Chéops et de Chephren dans les sépultures géantes qu'ils
se sont construites (1).

Ces propos, tenus par le bon Pharaon à sa fille unique tendrement
aimée, ne furent pas sans effets pratiques. Mycerinus rouvrit les temples,
favorisa les affaires des particuliers, soulagea les misères du peuple,
rendit exactement la justice. Ce qui ne l'empêcha pas d'entreprendre la construction d'une pyramide auprès de celles de ses
devanciers.

----

(1) Ce que nous disons de Chéops et de Chephren est conforme au récit d'Hérodote, mais
n'est peut-être pas d'une absolue vérité historique.

— Je suis heureux, répétait-il, car mes sujets, grâce à moi, le sont. N'est-ce pas le vrai bonheur d'un souverain ?

Cependant il fut frappé cruellement : sa fille unique tendrement aimée fut arrachée à son affection. En vain avait-il appelé à son chevet les magiciens les plus renommés pour chasser les mauvais esprits qui s'étaient emparés de sa tête, de son estomac, de son foie et de ses membres. En vain ces saints hommes fabriquèrent-ils des statuettes d'argile à la ressemblance de la princesse, afin d'y faire passer les êtres invisibles et malfaisants qui torturaient la patiente. En vain récitèrent-ils les formules qui font peur aux démons, fils de Set, en leur persuadant qu'ils s'attaquent non à un être humain mais à une divinité. Rien n'y fit.

— Il faut mander les médecins, gémit Pharaon.

Ceux qui accoururent — chaque médecin se spécialisait dans une partie du corps : un médecin pour la tête ne se serait pas avisé de soigner l'estomac, par exemple — ceux donc qui accoururent étaient les plus réputés de toute l'Égypte.

Ils avaient étudié dans le temple d'Héliopolis; ils connaissaient imperturbablement les préceptes de médecine rédigés par le dieu Thot en personne. Et cependant leur science s'avéra inutile.

— Je vais mourir, dit l'infortunée jeune fille. Je te prie, ô mon père, que, morte, je voie le soleil une fois par an.

Dans la « triade » memphite, le personnage central est Phtah, le constructeur du monde, qui tient devant lui le sceptre. Sokhmit, son épouse, est figurée avec une tête de lionne et coiffée du disque solaire, dont elle personnifie la chaleur desséchante. Leur fils, Nofirtoum, coiffé d'une fleur de lotus, est le Soleil du matin sortant des marais.

(Cliché Archives Photographiques - Paris)

Sur la place où s'éleva Memphis, veille maintenant ce sphinx d'albâtre qui, au milieu des troupeaux rêve aux splendeurs passées. Cette statue sans inscription peut être attribuée à la VIIIe ou à la IXe dynastie.

(Memphis - Cliché Lehnert et Landrock)

La princesse expira.

Le palais de Saïs retentit des lamentations des femmes. Le corps de la fille de Pharaon fut confié aux embaumeurs afin que, se conservant éternellement, son double — qui était un peu ce que nous appelons l'âme mais qui, à la différence de celle-ci, avait une vie matérielle — vécût éternellement.

Tout se passa selon les rites inaugurés par Horus pour son père Osiris. Le cadavre, préalablement vidé, fut rempli d'aromates et de vin de palme puis, pendant soixante-dix jours, plongé dans une cuve de natron liquide. Ensuite seulement, il fut enveloppé de bandelettes ornées de belles inscriptions, parmi lesquelles étaient insérées des amulettes, des figurines, des plaques gravées, des herbes séchées pour défendre le double contre toutes les embûches de l'Au-delà. Après quoi, la momie fut revêtue de plusieurs tuniques de lin et enfin enfermée dans un double cercueil dont la forme dessina les contours d'un corps humain et dont la tête fut sculptée à l'image de la défunte.

— Je ne veux pas, dit Mycerinus, que ma fille repose dans la froide chapelle d'un tombeau. Je désire que sa dernière volonté soit respectée.

On construisit donc une génisse du bois le plus rare et on y enferma la momie de la princesse. Cette génisse était figurée à genoux et couverte d'une housse cramoisie, sauf pour la tête et le cou sur lesquels on réunit d'épaisses feuilles d'or. Entre les cornes on plaça l'insigne du dieu Râ, le disque du Soleil, pour qui avaient été les ultimes paroles de celle qui était morte à la vie humaine.

La statue fut érigée dans la grande salle merveilleusement ornée du

Sur des feuilles de moelle de papyrus dont on faisait ensuite des rouleaux, que l'on plaçait dans les sarcophages, on inscrivait toute sorte de conseils indispensables au mort, afin qu'il pût se guider dans la vie de l'Au-delà où il entrait. Comme cette survie ressemblait exactement à la vie terrestre, on y trouve mille détails sur l'existence journalière des Égyptiens. Voici des scènes de la vie des champs.

(Papyrus funéraire - Cliché Archives Photographiques - Paris)

palais de Saïs; autour d'elle brûlait nuit et jour de l'encens. Chaque année, à l'époque où, parmi les lamentations, le peuple célèbre la mort d'Osiris, on promenait processionnellement la statue par la ville et ainsi Pharaon exauça-t-il le vœu de sa fille unique tendrement aimée de lui faire voir le soleil une fois par an.

Peu à peu la paix revint au cœur de Mycerinus, mais on a beau être dieu, fils de Râ, successeur d'Horus, on n'en est pas moins curieux parfois de connaître sa destinée terrestre. Pharaon, qui se plaisait dans son palais, au milieu de ses beaux jardins, ou à naviguer sur le Nil dans une barque aux nombreux rameurs, envoya un légat royal à la ville de Buto afin de consulter un oracle reconnu infaillible.

A son retour, le messager, après s'être prosterné dans la poussière, rendit compte de son voyage.

— Sache, ô Soleil levant, qui éclaires le monde de ta beauté, que l'oracle m'a appris qu'il ne restait plus à Ta Sainteté que six années à remplir la terre de ton éclat incomparable.

Pharaon n'écouta pas le reste du discours de son légat où pourtant ses vertus divines étaient louées en termes excellents et protocolaires. Son visage prit la teinte grise du Nil quand le fleuve charrie son limon

Cette statuette vue de dos nous permet de nous rendre compte de la manière dont se coiffaient les femmes égyptiennes. Leurs cheveux préalablement huilés étaient réunis en petites nattes très serrées et chaque natte était terminée par une boulette d'argile.

(Reine Aahmès (dos) - Cliché Archives Photographiques - Paris)

fécondant; s'il avait eu des cheveux, au lieu d'avoir le crâne rasé et re-
couvert d'une perruque, il les eût certainement arrachés.

Il expédia un deuxième légat royal à Buto avec cette question précise :
« Pourquoi le Pharaon Mycerinus, fils de Râ, a-t-il si peu de temps à
vivre, lui qui a rouvert les temples des dieux et fait régner la prospérité
et le bonheur chez son peuple, alors que ses deux devanciers, qui opprimèrent leurs sujets et méprisèrent les dieux en fermant leurs temples,
régnèrent ensemble pendant cent six années? »

Et l'oracle revint inexorable : « C'est précisément parce qu'il fait le
bonheur des Égyptiens que le Pharaon Mycerinus sera retranché de la
vie humaine. Il était dans les intentions des dieux de prolonger pendant
cent cinquante ans les tribu-
lations du peuple d'Égypte
et Mycerinus l'a frustré de
quarante-quatre ans d'ex-
piation ».

A ces mots, Mycerinus
comprit qu'il était perdu.
Il voulut néanmoins con-
vaincre l'oracle de menson-
ge. Il fit fabriquer une
multitude de lampes. Dès
que le soir était venu, on
les allumait et il passait
son temps à boire et à se
divertir, sans discontinuer,
jour et nuit. Ainsi n'y
avait-il ni nuit ni jour et
il doubla de cette façon le
nombre des années qui lui
étaient imparties, qui furent douze au lieu de six.

Cependant, au terme fixé
pour sa mort, il expira.

On plaça sa momie dans
la pyramide qu'il avait fait
élever et qui n'était pas
encore achevée; mais, soit

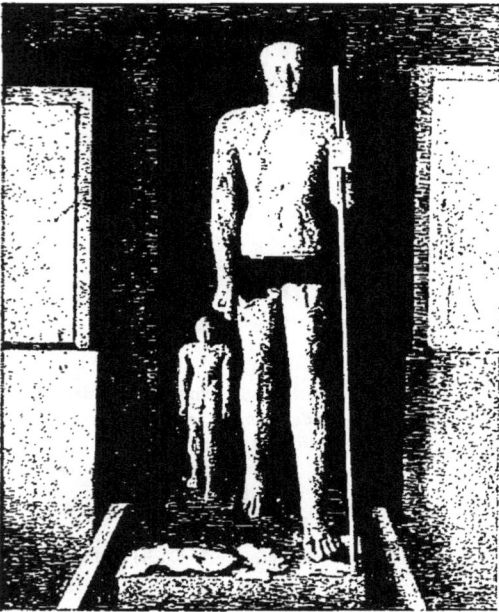

*Pépi I, un des rois de la VIᵉ dynastie (2625 à 2475
av. J.-C.), Il remporta des succès au dehors; à l'intérieur, il traça des routes, bâtit des temples dont
celui d'Hathor à Dendérah. Son fils Méthousouphis,
que nous voyons représenté en petit derrière son père,
lui succéda.*   (Cliché Archives Photographiques - Paris)

par économie, soit par erreur dans les calculs, cette pyramide se trouve beaucoup plus petite que celles de Chéops et de Chephren, de sorte qu'elle attire moins que les autres l'attention du voyageur. Son sarcophage, une des œuvres les plus admirables de l'art égyptien, resta dans la chapelle funéraire jusqu'au moment où les Anglais s'en emparèrent pour l'emporter dans leur pays. Le navire qui le contenait fit naufrage et les restes du Pharaon sombrèrent sur les côtes du Portugal.

Mycerinus, fils de Râ, n'eut jamais de chance.

Nous assistons à la vie quotidienne des Egyptiens, non seulement par les inscriptions des papyrus mais encore par les sculptures des tombeaux. Ce boulanger pétrit pour l'éternité sa pâte dont se nourrira le « double » du mort.

(Rome - Musée Barracco - Cliché Alinari)

Ces barques (en bois) de taille réduite étaient placées dans les tombes, afin que les doubles des morts pussent entreprendre sur le Nil leur dernière navigation vers les demeures osiriennes. Elles sont la reproduction exacte des barques véritables qui sillonnaient le fleuve. On y remarque, à l'arrière, la cabine. La longue perche que porte un des personnages est une rame qui sert de gouvernail.

(Bois peint - Cliché Archives Photographiques - Paris)

CHAPITRE III

LA BELLE AUX JOUES DE ROSE

ELLES étaient quatre jolies jeunes filles rieuses qui se baignaient dans le Nil.

Après une chaude journée, le soleil se couchait derrière les collines de Troja, où sont les carrières dont on tirait la pierre pour les demeures passagères des rois, qui sont les palais, et leurs demeures éternelles, qui sont les tombeaux. A peu de distance, se dressait altière la ville royale de Memphis, la plus grande cité du monde, avec ses monuments, ses temples et ses forteresses.

La fraîcheur délicieuse de l'eau faisait pousser des petits gloussements de plaisir aux jeunes baigneuses. Leur présence ne se trahissait que par ce gazouillis joyeux, car un épais buisson de papyrus d'où émergeait un acacia noueux dérobait à la vue des curieux la crique où elles s'ébattaient. Aux branches de l'arbre pendaient les vêtements dont elles s'étaient débarrassées; peu de chose : un sarreau de toile blanche, une ceinture de dessous, des sandales en papyrus.

Elles riaient, les jolies filles, en jouant avec l'eau, attentives à ne pas mouiller leurs visages aux lèvres avivées de carmin, aux yeux allongés par une poudre faite d'un mélange d'antimoine et de charbon, et leurs chevelures huilées et tressées en cordelettes très fines, terminées par des boules d'argile.

— Thoutmès, le scribe, m'a demandée en mariage, disait l'une.

— Tu ne seras pas mariée avant moi, car c'est au cours de la prochaine lune que j'épouse Apsou, l'entrepreneur de travaux de Pharaon, minaudait l'autre.

— Ma mère m'a dit que l'architecte Amenmosou lui a longuement parlé de moi, confia la troisième. Et toi, Rhodopis, ne te maries-tu pas ? Tu as quinze ans pourtant...

Celle à qui s'adressait sa compagne était incontestablement la plus jolie des quatre jolies filles. Son visage fin, à l'ovale très pur, était d'une carnation plus blanche que celle de la plupart des Égyptiennes et ses joues se coloraient délicatement sous l'effet de la moindre émotion, si bien qu'on ne la connaissait dans

Ce « scribe accroupi » ne serait autre qu'un administrateur de province appelé Kaï. Il faut admirer l'intense expression d'attention de l'écrivain qui, le calame à la main, le papyrus étalé sur les genoux, fixe les yeux sur celui qui lui dicte, afin de ne rien perdre.

(Cliché Archives Photographiques - Paris)

le pauvre faubourg où elle vivait que comme la « belle aux joues de rose ».

— Moi, dit-elle, je ne me marierai point, car je ne veux aucun de ceux qui se proposent à moi : le forgeron a les doigts d'un crocodile ; le tailleur de pierres gémit à cause de ses genoux et de son échine tordus par l'effort ; le barbier rase jusque dans la nuit ; le teinturier sent mauvais, ses yeux sont battus de fatigue ; le cordonnier gagne si peu qu'il lui faut, pour se nourrir, ronger son cuir. Quant au maçon, la maladie le guette, ses deux bras s'usent au travail ; le tisserand, dans l'intérieur des maisons, a ses genoux à la hauteur de son estomac ; il ne goûte jamais l'air libre ; si, un seul jour, il manque à fabriquer la quantité d'étoffe réglementaire, il est lié tel le lotus du marais. Non, je n'épouserai pas un artisan.

Et Rhodopis éclatait de rire.

— Que n'épouses-tu un soldat ? Sakou, le fils du commandant des gardes du quartier, semblait te regarder avec insistance la dernière fois qu'il est venu d'Éléphantine, où il est en garnison pour défendre l'Empire contre les noirs habitants de l'Éthiopie.

— Un soldat ? protesta la « belle aux joues de rose ». Quelle vie est la sienne ? On l'emmène tout enfant, la tresse encore sur l'oreille (1), on l'emprisonne dans une caserne, on le bat, on l'étend et on frappe sur lui comme sur un papyrus ; il est brisé par le bâton. En guerre, ses vivres et son eau pèsent sur son épaule comme le faix d'un âne, si bien que les jointures de son échine sont rompues. Il boit de l'eau corrompue tout en montant une garde perpétuelle ; si jamais il échappe aux traits et aux lances de l'ennemi et s'il rentre en Égypte, il n'est plus qu'un vieux bois vermoulu... Non, je n'épouserai pas un soldat.

Plus haut retentit le rire frais de Rhodopis, qui, mise en verve, continua :

— Si je me mariais ce serait avec un scribe qui, pendant des années, a copié, auprès de maîtres savants, les formules et les nombres. S'il est honnête, l'intendant d'un riche seigneur ou d'un gouverneur ou d'un dieu (2) ou peut-être de Pharaon, l'appelle auprès de lui et fait sa fortune ; s'il ne l'est pas, il la fait par lui-même. Mais un scribe ne voudra

---

(1) Coiffure des petits enfants égyptiens.
(2) Les dieux, ainsi que les morts illustres et divinisés, possédaient d'immenses richesses destinées à l'entretien de leur culte ; toute une hiérarchie d'intendants et de scribes géraient eurs biens.

Ce sphinx en albâtre, qui rêve sur la cité morte de Memphis, fut découvert en 1912; il est en très bon état de conservation, long de 8 mètres et haut de 4 m. 30; il pèse 80 tonnes. C'est le plus grand des sphinx transportables que l'on connaisse.

(Cliché Lehnert et Landrock)

Mentouhatep V appartient à cette XI° dynastie qui, issue de Thèbes, usurpa le pouvoir abandonné par les rois légitimes, rétablit l'ordre dans la Terre-Entière et ôta à Memphis son rôle de capitale pour en investir Thèbes.

(Cliché Archives Photographiques - Paris)

pas de moi. Il ne se mariera qu'avec la fille d'un homme aisé et non du contremaître d'un moulin à huile, qui gagne à peine de quoi subsister, qui frappe toute la journée le dos des esclaves en répétant le vieux proverbe : « L'homme a un dos, c'est pour le bâton ».

Une des jeunes filles interrompit brusquement ce discours :

— Regarde ! s'écria - t - elle en montrant le ciel de son index tendu.

Sur l'azur profond se détachait la forme d'un grand aigle aux ailes étendues, qui tournait en rond comme guettant une proie. Subitement, l'oiseau piqua droit dans la direction des baigneuses. Elles poussèrent toutes les quatre un cri d'effroi.

Ce n'était pas à elles pourtant qu'en avait le roi des airs. Il avait fondu sur l'endroit de la berge où étaient pendus leurs vêtements et, saisissant dans ses serres une sandale, il était parti avec la vélocité d'une flèche vers les demeures éthérées.

— Ma sandale ! Ma sandale ! gémissait « la belle aux joues de rose », atterrée par une si grande perte.

Pharaon, fils de Râ, Mihtimsaouf II, roi de la sixième dynastie (1), successeur de Pépi II, était précisément assis devant son palais de Memphis, fort occupé à rendre la justice, quand, du haut du ciel, une sandale vint tomber sur ses genoux.

(1) 2625 à 2475 av. J-C.

La porte s'était brusquement ouverte et une trombe d'eau bourbeuse fit
irruption.   *page 38.*

Tous les assistants avaient pu voir que c'était un aigle qui avait lâché et objet et plusieurs de ceux dont la vue était plus perçante reconnurent que l'oiseau avait une figure humaine, ce dont les sages déduirent que l'on avait affaire à la déesse Nouit; nul n'ignore que c'est là on incarnation favorite.

Cependant Pharaon examinait le présent que lui faisait son aïeule. La sandale qu'il tournait et retournait dans sa main était la plus petite qu'il eût jamais contemplée et le papyrus dont elle était tressée conservait la forme d'un pied mieux fait que celui de toutes les princesses, de toutes les grandes dames, de toutes les femmes de fonctionnaires, de toutes les servantes, de toutes les esclaves de la cour.

Il envoya à travers le pays d'Égypte et jusqu'aux confins de la terre, en Syrie, en Chaldée, au désert, en Nubie, des légats royaux; il fit passer des crieurs dans toutes les cités et, ainsi, il apprit un jour que celle à qui appartenait la sandale respirait à quelques palmes de distance de son palais, à Memphis même, dans un faubourg, et qu'elle s'appelait Rhodopis, « la belle aux joues de rose ».

Quand la jeune fille se trouva devant Pharaon, le cœur du prince se gonfla dans sa poitrine, un brouillard passa devant ses yeux et rien ne lui fut plus rien, ni la double couronne du Nord et du Sud, la rouge et la blanche qui ensemble forment le pschent, ni le

La « triade » thébaine. Au centre, Amon, coiffé du disque du Soleil accompagné de deux grandes plumes de faucon. A sa droite est Mout, son épouse, dont le nom signifie « la mère »; elle porte le pschent, la double couronne du Sud et du Nord. A la gauche d'Amon est son fils Khonsou, le dieu lunaire. C'est le disque de la lune qu'il porte sur son front.

(Musée du Louvre - Cliché Archives Photographiques - Paris)

Aménémhait (XIIᵉ dynastie, 2000 à 1700
av. J.-C.) dont la statue fut découverte par
Mariette à Tanis. Ce prince, délicat lettré,
donna à son fils Sanouasrit des instructions qui
sont en partie arrivées jusqu'à nous.

(Cliché Archives Photographiques - Paris)

serpent Ouazid, protecteur du Delta, ni le vautour Nekhabit, divinité tutélaire de la Haute Vallée, ni Memphis, ni Thèbes, ni Saïs, ni Héliopolis, ni Éléphantine, le berceau de sa dynastie, rien ne lui était plus que « la belle aux joues de rose », plus rose de confusion d'être debout, un pied déchaussé, devant le fils de Râ, au milieu de sa Cour.

Mihtimsaouf II — vie, santé, force — épousa Rhodopis et elle devint la reine Nitaqrit. Il l'associa en toutes choses à son gouvernement et il ordonna aux scribes de démontrer qu'elle était de souche royale. Les scribes obéirent et ils n'eurent pas de peine à prouver clairement que son premier ancêtre était Anubis, le dieu à tête de chacal, vénéré à Lycopolis.

Nitaqrit fut une grande reine ; son nom se retrouve sur plusieurs monuments qu'elle fit construire ou restaurer. La pyramide du pieux et malchanceux Mycerinus était toujours inachevée, elle voulut que l'édifice fût terminé et que l'on y ajoutât un coûteux revêtement de syénite, objet d'admiration pour les voyageurs grecs et romains. Hélas ! le malheur fond sur l'homme plus promptement encore que l'aigle sur une sandale. Les seigneurs de la Cour, les chefs des nomes (1), se révoltèrent et mirent à mort le roi Mihtimsaouf.

(1) Les nomes étaient les territoires d'étendues diverses qui formaient le royaume d'Égypte ; ils étaient gouvernés par des seigneurs qui correspondaient à nos barons féodaux appelés

Grâce à sa généalogie divine et grâce, sans doute, à l'appui des prêtres, serviteurs des dieux de Memphis, qui avaient tout à craindre des nomarques protégés par d'autres dieux concurrents, Nitaqrit conserva le trône.

Avec beaucoup d'énergie et d'adresse, elle apaisa la sédition, usant de la persuasion plus que de la force. Les seigneurs, les nomarques se soumirent à celle qui était toujours « la belle aux joues de rose ».

La reine gouvernait avec justice et avait repris son œuvre de restauration des temples. La pyramide de Mycerinus, presque terminée, éclipsait maintenant ses voisines, sinon par sa grandeur, du moins par la beauté de ses ornements.

Et l'on célébrait la gloire de la fille d'Anubis.

Un jour d'entre les jours, Nitaqrit fit comparaître devant elle Amenmosou, l'architecte, et elle lui dit :

— Je veux que tu construises pour moi une immense salle souterraine, capable de contenir plus de trois cents convives. Tu déploieras dans cet hypogée toutes les ressources de ton art, tu le feras décorer par les meilleurs sculpteurs, les peintres les plus habiles. Rien ne sera trop beau ni trop coûteux. Approche...

Intrigué et vaguement effrayé, l'architecte obéit en se traînant sur les genoux. La

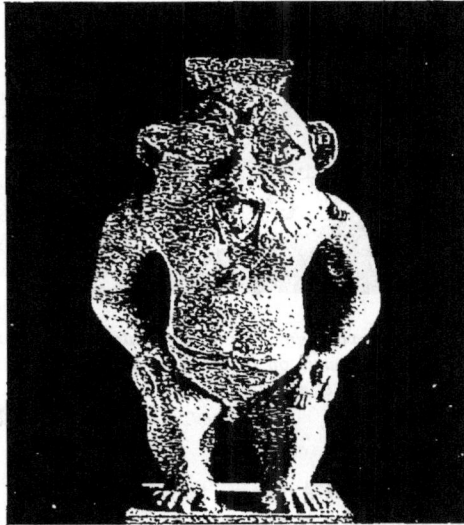

Le dieu Bès, très populaire à l'époque thébaine, présidait aux occupations joyeuses; mais il était également chargé par sa laideur de mettre en fuite les êtres mauvais, morts ou vivants, fantômes ou ennemis en chair et en os. Il tire la langue. Est-ce pour faire mieux rire ou pour effrayer davantage? Les deux peut-être. On trouvait de ses statuettes dans presque toutes les maisons; on gravait son image sur les armes, les meubles, les chevets; on en faisait des amulettes.

(Bès - Musée du Louvre
Cliché Archives Photographiques - Paris)

nomarques par les historiens grecs, et dont le pouvoir dépendait du degré de puissance du gouvernement central. Celui-ci était-il fort? Le nomarque n'était qu'un gouverneur de province. Était-il faible? Le nomarque devenait une sorte de souverain.

Déesse hippopotame, divinité populaire qui devait écarter les ennemis ou les dangers par son aspect à la fois comique et effrayant.

(Déesse Touéris - Cliché Bonfils)

Reine se pencha vers lui et lui parla assez longuement à l'oreille.

— Va ! dit-elle. Tu m'as comprise ?

Et comme il balbutiait en se retirant à reculons hors de la présence de la veuve de Pharaon, celle-ci lui dit encore :

— Si jamais le secret de la chose que je t'ai ordonnée était trahi, tu mourrais sur le pal.

Le règne de Nitaqrit avait duré sept années dans la paix et l'abondance, quand Amenmosou, l'architecte, se présenta devant la Reine, accompagné du chef des maçons, du chef des tailleurs de pierres, du chef des sculpteurs et du chef des peintres, et tous se prosternèrent le front dans la poussière.

—. Fille d'Anubis, toute pareille à ton aïeul le Soleil à son lever, voici que nous avons terminé l'ouvrage que tu as ordonné.

Le visage de la Reine exprima un profond contentement ; on eût dit qu'on lui annonçait l'achèvement de son tombeau, qui est l'œuvre dont un Égyptien se réjouit par-dessus tout. Il ne s'agissait pourtant que d'une salle de banquet.

Nitaqrit se leva de sur son trône d'or et rentra dans les appartements intérieurs de son palais, où Amenmosou seul eut ordre de la suivre. Elle lui demanda à voix basse :

— As-tu fait exactement ce que j'ai prescrit ?

— Rien n'a été omis.

Alors la Reine éclata de rire et ses joues s'empourprèrent de plaisir.

Elle ordonna que l'on prodiguât l'or à l'architecte, aux chefs des travaux et que l'on distribuât à chacun des ouvriers quatre pains, deux cruches de bière et une grande mesure d'huile.

Ce jour même, des légats royaux se répandirent dans les nomes, appelant les nomarques et les seigneurs à un grand festin pour inaugurer la salle qui perpétuerait pendant des millions d'années le souvenir de la Reine. La date était fixée à la deuxième lune de l'inondation annuelle.

Aucun n'eut garde de manquer à l'invitation et ils étaient tous là ceux qui avaient, sept ans plus tôt, frappé à mort le Pharaon Mihtimsaouf II, l'époux de la Reine. Chacun espérait, dans le secret de son cœur, que Nitaqrit allait choisir parmi les convives un nouveau mari et qu'il serait peut-être l'heureux élu. Quel bonheur que de s'asseoir sur le trône de la Terre-Entière à côté de la « belle aux joues de rose » !

Le festin fut tel que nul ne fit jamais un repas aussi plantureux. Vers le

Sebekhotep, Pharaon de la XIIIe dynastie. Son époque (vers le XVIIIe siècle av. J.-C.) est encore peu connue; l'art y est en décadence comme on peut s'en apercevoir par la mollesse des contours de cette statue de granit. Ce monarque vit débuter la conquête de l'Égypte par les Hyksos, les « rois pasteurs », qui formèrent les XVe et XVIe dynasties dans la chronologie des rois.

(Sebekhotep III - Musée du Louvre - Cliché Alinari)

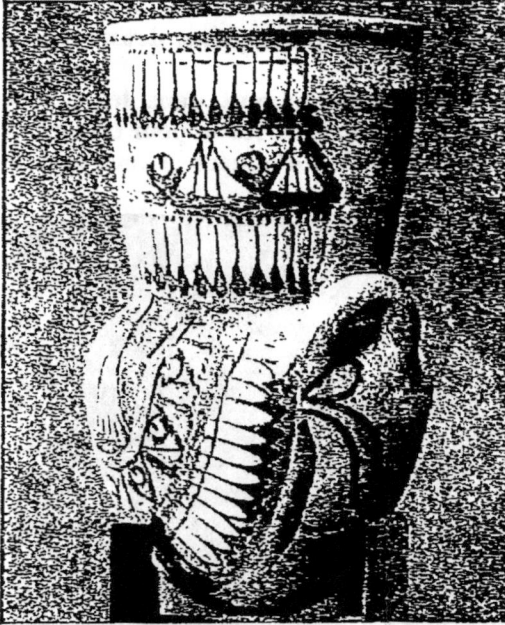

Vase en terre vernissée ou peut-être un canope qui aurait perdu son couvercle. Les canopes étaient des vases dans lesquels on enfermait, au milieu d'aromates, les viscères retirés des cadavres au cours de l'opération de la momification. Ces vases étaient déposés dans le caveau en même temps que le sarcophage. Le cœur n'était jamais enfermé dans un canope, mais les embaumeurs le remettaient dans la momie avant de commencer l'emmaillotement.

(Cliché Archives Photographiques - Paris)

matin, l'ivresse avait vaincu les seigneurs et les nomarques, qui ne pouvaient plus bouger de la couche où ils étaient allongés, tellement étaient lourds leurs membres et leurs têtes.

Ils virent, sans comprendre, la Reine se lever de la place d'où elle présidait la fête et se diriger vers une grande porte close, qui était au fond de la salle. Ils la virent prendre à son cou une clé d'or pendue à une chaîne d'or et l'introduire dans la serrure d'or.

Et, tout à coup, les langues liées par l'ivresse furent déliées par la terreur. Un immense cri d'angoisse emplit la salle souterraine. La porte s'était brusquement ouverte et une trombe d'eau bourbeuse fit irruption dans l'hypogée, l'eau du Nil en crue avec lequel il correspondait par un passage secret.

Les meurtriers de Mihtimsaouf étaient châtiés.

Quand baissèrent les eaux du fleuve, on put pénétrer dans la salle souterraine et l'on retrouva le cadavre de la Reine parmi ceux des nomarques et des seigneurs.

La « belle aux joues de rose », qui n'avait vécu que pour punir les assassins de son mari, fut enterrée dans la pyramide de Mycerinus qu'elle avait fait achever. On plaça sa momie dans un superbe sarcophage de basalte bleu, juste au-dessous de la salle où reposait le pieux Pharaon.

Parfois, dit-on, le soir, au coucher du soleil, à l'heure où les jeunes filles se baignent dans le Nil, une femme très belle rôde autour de la pyramide. Malheur à qui s'approche d'elle ou lui adresse la parole : il est, sur-le-champ, frappé de démence. Celle qui erre ainsi est le double de Rhodopis, la Reine Nitaqrit, la « belle aux joues de rose ».

Sphinx qui, d'après son inscription, aurait été sculpté par ordre d'un « roi pasteur ». En réalité, ce sphinx a été usurpé par ces Hyksos qui substituèrent leur nom à celui du légitime propriétaire d'une époque beaucoup plus reculée. Ce procédé était couramment employé et il déroute souvent l'archéologue.

(Sphinx Hyksos - Cliché Archives Photographiques - Paris)

Ce temple, dont voici les restes grandioses, fut élevé par Thoutmosis III à Amon, qui, avec Mout et Khonsou, forment la « triade » que l'on adorait à Thèbes. Les exploits du monarque se trouvent ici partout gravés sur les murs et sur les colonnes.

(Karnak - Cliché Lehnert et Landrock)

CHAPITRE IV

THÈBES, LA CITÉ D'AMON

Aussi loin que peut remonter la mémoire des hommes, bien avant le temps de Menès, le premier Pharaon des dynasties humaines, qui vivait vraisemblablement plus de quatre mille ans avant notre ère, Thèbes se mirait dans les eaux du Nil, demeure des crocodiles sacrés. C'est à Thèbes qu'Osiris avait vu le jour. C'est là que régnaient éternellement, Amon, Mout, son épouse, et leur fils Khonsou, unis dans une indissoluble Trinité.

Quand Menès quitta Thèbes pour aller fonder Memphis et établir
sa capitale vers le Nord, ce n'était pas encore la « Thèbes aux cent
portes » dont parle Homère; mais le chantre de l'Odyssée ne fait-il
pas presque figure de contemporain en face des profondeurs mystérieuses des origines égyptiennes? Homère n'est-il pas chronologiquement
plus près de nous que du roi Menès?

Menès et ses successeurs s'établirent d'abord à Thémis près d'Abydos
où s'élevaient leurs tombes; la troisième dynastie (1) seulement transporta à Memphis sa capitale. Les Pharaons avaient leur palais soit
dans cette ville, soit à Saïs, la cité voisine consacrée à la déesse Nit.

Vint un jour où le Delta
sombra dans l'anarchie. Les
Pharaons de la neuvième
et de la dixième dynasties
originaires d'Heracléopolis
perdirent toute autorité;
les nomes s'agitèrent, la
guerre désola le pays et il
se leva, dans la ville de
Thèbes, un seigneur du
nom d'Antouf (2) qui usurpa dans ce nome la royauté.

La race forte de ce guer-
rier forma la onzième dy-
nastie qui refit l'unité à
son profit et régna sur
la Haute et la Basse
Égypte. Reprenant la tra-
dition des Pharaons du
Delta, les rois thébains
furent, en même temps,
conquérants et bâtisseurs.
Conquérants, ils poussaient
des pointes en Asie et en
Nubie; bâtisseurs, ils em-
bellirent leur nouvelle capi-

*Thoutmosis III de la XVIIIᵉ dynastie régna de
1501 à 1447 av. J.-C. Grand guerrier, il soumit la
majeure partie de la Syrie et de la Phénicie; grand
chasseur, il tua cent vingt éléphants en dix ans; grand
bâtisseur, il édifia ou termina des sanctuaires dans
toute l'Egypte et commença le temple de Louqsor.*

(1) 2980 av. J.-C.
(2) 2180 av. J.-C.

Il fallait au « double » les mêmes commodités qu'au vivant; c'est pourquoi on plaçait dans les tombes des meubles de toute sorte. Voici un fauteuil merveilleusement conservé et enfermé dans une sépulture à la disposition du défunt si celui-ci voulait s'asseoir.

(Cliché Archives Photographiques - Paris)

tale et la ville voisine de Coptos, carrefour des routes vers la mer Rouge et les carrières de Rohanou.

Les rois de la douzième dynastie, Sanouasrit I, les trois Amenemha.t ont laissé des souvenirs impérissables de leur passage sur la terre. C'est à Amenemha t III que l'on doit attribuer les embellissements de Crocodilopolis, la création du lac Moeris — réservoir d'eau et de poissons — et la construction du fameux Labyrinthe qui excita si fort l'admiration d'Hérodote et qui était destiné à être la tombe de Pharaon.

Nous voici arrivés avec la treizième dynastie aux environs du xxe siècle avant notre ère. Cette dynastie vit une époque de décadence; les rois qui lui succédèrent abandonnèrent Thèbes et allèrent s'installer à Xoïs dans le Delta. L'anarchie se répandit à nouveau dans le double royaume.

C'est à ce moment que s'avança, à travers le désert qui sépare l'Asie de l'Afrique, telle une nuée de sauterelles, une cohue de peuples originaires de la Chaldée. Ceux que l'Histoire appelle les « pasteurs » et que les Égyptiens dénommaient les « voleurs » eurent vite fait de battre les sujets divisés et révoltés de Pharaon.

Ils commencèrent par tout piller et tout saccager, mais bientôt leurs rois s'aperçurent qu'il y avait plus de profit à exploiter le pays qu'à le ravager. Petit à petit, ils s'assagirent. D'abord ils nationalisèrent leurs dieux et les identifièrent avec les divinités d'Égypte, puis eux-mêmes imitèrent les Pharaons. Ils eurent une cour, une administration. Enfin, ne disposant pas d'artistes à eux, ils adoptèrent ceux des vaincus et substituèrent tranquillement, sur les monuments et les statues, leur nom à celui des légitimes propriétaires. C'est ainsi que le roi Apopi s'appropria sans vergogne l'effigie monumentale du Pharaon Amenemhaït III.

Apopi régnait à Tanit, mais Thèbes et les nomes du Midi ne lui obéissaient que médiocrement. Pendant deux siècles sévit cette domination avec des sursauts fréquents de révolte des autochtones réduits — tout au moins pour ceux qui habitaient la Basse Égypte, directement soumise aux Pasteurs — à une triste condition d'esclaves. Sous le bâton de leurs maîtres, ils devaient travailler, creuser, construire.

Ce temps d'épreuves prit fin. Encore une fois, les seigneurs de Thèbes se mirent à la tête du mouvement national. La guerre de l'indépendance dura cent cinquante ans; enfin les Pasteurs furent chassés de l'Égypte et ceux de leurs sujets qui ne purent s'enfuir et qui ne périrent pas, durent occuper, dans les chantiers, la place des Égyptiens.

Les Pasteurs ont donné deux dynasties, la quinzième et la seizième. La succession normale reprend

Thoutmosis III (alias Thotmès) fut appelé au trône par Hatshepsout, sa belle-mère, qui ne laissa à son gendre que les apparences du pouvoir. Elle décidait de tout : de la paix, de la guerre, des questions religieuses et administratives. Elle était si bien le véritable Pharaon qu'elle se fit représenter en homme avec la barbe postiche des souverains.

(Buste granit noir - Cliché Archives Photographiques - Paris)

avec la dix-huitième d'origine thébaine. Une nouvelle période de
grandeur commença pour le royaume du Nil. Les Égyptiens, opprimés
pendant si longtemps, avaient senti se réveiller en eux la fibre guer-
rière; ils s'en allèrent par-delà leurs frontières pour prouver aux étrangers la puissance de leurs armes.

Ce fut en Syrie qu'ils portèrent leurs conquêtes; les Khati furent
leurs principaux ennemis ainsi que les Chaldéens, leurs anciens vain-
queurs. Les Pharaons de la dix-huitième dynastie, les Amenophis et les
Thoutmosis, s'avancèrent en Asie jusqu'à l'Euphrate.

Les princes asiatiques étaient vaincus, leurs armées dispersées, leurs
villes pillées et contraintes à payer tribut, mais leurs domaines n'étaient
pas annexés par les Égyp-
tiens. En Nubie aussi pénétraient les Pharaons. Ici
leur intention était sur-
tout d'effrayer de turbu-
lents voisins et de se
mettre à l'abri de leurs
attaques. Thoutmosis III,
victorieux dans le Nord et
dans le Sud, mérita le nom
de Grand.

Le prince de Joppé pour-
tant n'avait pas accepté sa
défaite, il reprit les armes
contre Pharaon. Ce chef
chananéen possédait une
bonne armée; sa ville était
réputée imprenable; néan-
moins Thoutmosis ne crut
pas de sa dignité d'aller
le combattre lui-même; il
envoya contre lui son meil-
leur général, Thoutii.

Ce guerrier, en arrivant
devant la cité de Joppé,
fut saisi d'inquiétude en
constatant l'importance et

*Sokhmit, la déesse à tête de lionne, fait partie de la
« triade » memphite; elle est l'épouse de Phtah et protège tout particulièrement les peuples du Nord, ceux
qui ont la peau blanche, alors qu'Horus éprouve une
prédilection pour les nègres d'Éthiopie.*

(Sokhmit - Cliché Archives Photographiques - Paris)

la solidité de ses murs, le nombre de ses défenseurs : « Jamais, pensa-t-il, je ne m'emparerai par la force de cette place. La ruse seule en viendra à bout ».

Il envoya donc un héraut crier au pied des murs que Thoutii, commandant des troupes de Râ, du dieu vivant de la Terre-Entière, avait apporté avec lui la canne magique de Pharaon et qu'il conviait les guerriers ennemis à la contempler.

— J'irai, déclara le prince de Joppé. La vue de cette canne me communiquera sans doute une force surhumaine qui m'aidera contre Pharaon même.

Au fond de son cœur, il nourrissait l'espoir de pouvoir

Les statues colossales de Thoutmosis III en Osiris sont assises devant l'entrée du temple que ce prince fit élever à Karnak. La grande salle des fêtes de ce sanctuaire présente cette particularité unique que ses colonnes sont sculptées en forme de poteaux de tente, souvenir des campagnes guerrières de leur constructeur.

(Karnak - Cliché Lehnert et Landrock)

subtiliser le bâton sacré. Il se rendit, accompagné d'une suite nombreuse et brillante, au camp de Thoutii qui s'empressa de le mettre à mort. Malgré ce guet-apens, la ville restait à prendre. Le général égyptien fit alors proclamer qu'il était disposé, en vue d'obtenir la paix et la permission de battre en retraite sans être inquiété, à envoyer aux habitants de Joppé cinq cents grandes jarres d'huile.

— Ne sommes-nous pas des gens redoutables, puisque ce général renommé nous paye tribut sans avoir combattu ! se dirent les assiégés.

Leur orgueil étouffa chez eux toute prudence et leur fit même oublier le meurtre par traîtrise de leur prince. Ils répondirent à Thoutii qu'ils daignaient accepter ses présents.

On vit alors des soldats égyptiens apporter cinq cents grandes et lourdes jarres et les aligner devant les portes de la cité. Puis les soldats de Pharaon se retirèrent dans leur camp qui ne tarda pas à être levé. Thoutii prit ostensiblement le chemin du retour.

Les habitants de Joppé, témoins de ces divers événements, commencèrent par se disputer entre eux pour savoir comment cette huile serait répartie. Enfin on tomba d'accord et on envoya des esclaves chercher les jarres. Ce ne fut pas un mince travail que de transporter les pesants

Ce cortège, si intéressant par la variété des figurines et des accessoires, représente les porteuses d'offrandes composant un convoi funèbre et qui amènent au mort le pain, la farine, l'huile, les viandes, les boissons et toutes les autres choses nécessaires pendant l'éternité à la vie de son double.

(Cliché Archives Photographiques - Paris)

récipients et de les ranger sur la grande place, où les magistrats et les prêtres devaient présider à la répartition de leur contenu.

Au moment où l'un de ces vénérables personnages s'approchait de la première des jarres, le couvercle qui la bouchait tomba de lui-même et deux soldats égyptiens solidement armés bondirent dehors en poussant une clameur. A ce signal tous les couvercles sautèrent; les cinq cents jarres se vidèrent de leur mille occupants... car chacun des récipients avait reçu pour garnison deux guerriers.

Les soldats de Thoutii, introduits dans Joppé par cette ruse, se mirent en devoir de massacrer les habitants et bientôt ils

Une femme qui brasse la farine dont on fera les galettes que mangeaient les Egyptiens en guise de pain. La farine était mal débarrassée de ses impuretés; les Egyptiens se plaignaient d'user leurs dents sur ces galettes.

(Florence - Cliché Alinari)

furent aidés dans ce travail par le gros de l'armée qui avait fait halte hors de la vue des remparts.

Le sac de cette florissante cité fut si complet qu'il resta longtemps dans les mémoires. Thoutii revint en Égypte chargé de richesses et traînant après lui la plus grande partie de la population échappée à la tuerie et qui fut réduite en esclavage.

Année après année, le butin affluait dans Thèbes; il servait aux constructions pieuses des Pharaons. Éléphantine, Ombos, Coptos, Dendérah, Abydos, sans oublier Memphis et Héliopolis, virent s'élever des temples nouveaux ou restaurer ceux des âges précédents.

Cependant, c'est Thèbes que les rois de la dix-huitième dynastie

*A Déir-el-Bahari, la Vallée des Rois. Le grand temple sou-
terrain dont on voit ici l'entrée fut commencé par la reine
Hatshepsout-Mariri, épouse et corégente du Pharaon Thoutmosis III ; répudiée par son époux, celui-ci fit marteler les inscriptions à la gloire de la Reine. Veuve et revenue au pouvoir,
elle reprit sa construction. A sa mort, le temple n'était pas
encore achevé et une deuxième fois le nom de la Reine fut
effacé, et son œuvre usurpée.*

(La Vallée des Rois - Cliché Lehnert et Landrock)

s'attachèrent le plus à embellir. Les deux temples d'Amon à Karnak — qui, avec Louqsor, forme la ville de Thèbes — furent édifiés et constamment agrandis. Devant le temple d'Amenophis III furent dressées deux statues colossales — appelées à tort « les colosses de Memnon » — dont l'une, brisée plus tard par un tremblement de terre, rendait, disait-on, au lever du soleil, des sons mélodieux.

Amon était le véritable profiteur des guerres. Non seulement on lui bâtissait des temples, mais les trésors s'y accumulaient. Il fallut, pour les gérer, un monde d'administrateurs, d'intendants, de scribes. Ses terres s'étendaient au loin ; ses troupeaux étaient innombrables ; ses magasins regorgeaient de blé, d'orge, de maïs, d'huile, de vin.

Les prêtres, qui disposaient de tout cela, vivaient dans l'opulence et leur puissance morale augmentait avec leur richesse. Ils constituaient dans l'État un état redoutable.

Les rois s'inquiétaient. Ils songeaient à susciter des concurrents à
Amon. L'un deux, Thoutmosis IV, eut l'idée de feindre un rêve. Il
prétendit que, s'étant endormi au cours d'une partie de chasse, le
grand Sphinx de Gizeh lui était apparu et l'avait prié de le désensa-
bler. Le Roi ne manqua pas d'obéir au Sphinx. Celui-ci, libéré de sa
gangue de sable, excita la pieuse vénération des foules mais ne la
détourna pas d'Amon, le dieu dont la statue, parlant le langage des
hommes, rendait des jugements.

Ceci ne faisait de doute pour personne.

Lorsqu'il se produisait un événement très important — une faute
lourde attribuée à un prêtre du dieu, par exemple, ou encore un vol
au préjudice du trésor ou des magasins divins — le premier prophète
d'Amon, tête rase et pieds nus, s'avançait au-devant de la statue
prophétique de la divinité ; il lui soumettait le cas et lui posait la question

*Karnak et Louqsor étaient deux quartiers de Thèbes, « la ville aux cent portes », dont parle
Homère. Pour accéder au grand temple d'Amon, de Karnak, on devait passer entre cette
double allée de sphinx, qui défendaient la demeure du dieu contre les mauvais esprits.*

(Karnak - Cliché Lehnert et Landrock)

4

de la culpabilité ou de l'innocence. D'un signe de tête l'effigie répondait oui ou non.

Il était assez rare qu'elle déclarât coupable le prêtre; il était non moins rare qu'elle innocentât le pauvre hère, voleur ou chapardeur.

Une fois que le dieu avait prononcé sa sentence, elle était impitoyablement exécutée et le condamné décapité, empalé ou étranglé, suivant son crime et sa condition.

Quand le roi Amenophis IV monta sur le trône, la reine Tii, sa mère, lui dit :

— Mon fils, tu es Pharaon et fils de Râ, mais prends garde de ne pas être longtemps le vrai maître de la Terre-Entière qui t'appartient par droit de naissance.

— Et qui donc, ma mère, aurait l'audace de me disputer le rang suprême?

— Le dieu Amon, mon fils. Le dieu est aujourd'hui plus puissant que toi à Thèbes. Il possède plus d'or, plus de grain, plus d'huile, plus de terres, plus de troupeaux. Il est plus écouté du peuple qui le redoute et des seigneurs qui lui sont attachés par les présents que leur font ses prêtres.

— Comment puis-je me garantir des entreprises du dieu Amon?

— Tu n'as qu'un moyen : introduis l'adoration d'un autre dieu, Atonou, par exemple, qui est le corps du Soleil et qui prodigue la vie à l'homme, aux animaux qui ont quatre pattes, aux oiseaux, aux serpents, à tout ce qui se traîne par terre et qui y vit.

— Les prêtres d'Amon s'y opposeront. Thèbes est la ville d'Amon.

— Aussi ne resteras-tu pas à Thèbes. Tu construiras une cité nouvelle dont tu feras la capitale des deux royaumes, et là, tu célébreras le culte d'Atonou auquel tu élèveras des temples et qui gagnera tout ce que perdra Amon, lequel ne sera plus que la divinité d'une ville secondaire.

Ainsi parla Tii, ainsi fit Amenophis. Il fonda la ville de Koutniatonou, en fit sa capitale. Lui-même changea son nom dont la racine rappelait Amon et il s'appela Kouniatonou. Atonou se vit élever un temple superbe dans la nouvelle capitale. On lui en dédia d'autres dans différentes villes, à Memphis notamment.

Ce nouveau dieu est figuré comme un disque dont les rayons descendent jusqu'à terre; une main termine chaque rayon et cette main tient la croix ansée, symbole de vie.

La déesse Hathor prend volontiers la forme d'une vache; entre ses cornes est placé le disque solaire surmonté de deux plumes. La déesse, qui joue habituellement un rôle funéraire, conduit ici le roi Psummétique II de la XVIᵉ dynastie par les chemins semés d'embûches du pays des morts.

(Déesse Hathor - Cliché Archives Photographiques - Paris)

Atonou vivait en paix avec toutes les divinités sauf avec Amon et il exigeait que le nom de celui-ci fût effacé de tous les monuments. Les prêtres du dieu nouveau prospéraient, la ville de Koutniatonou s'agrandissait, quand, après douze ans de règne, Pharaon retourna dans le sein de la terre.

Un de ses gendres lui succéda et continua la tradition de son beau-père, mais il ne rencontra sur son chemin qu'embûches et déplaisirs.

— O grand Roi, disaient ses conseillers, c'est Amon qui est irrité contre toi; il est dépité de voir ses prêtres persécutés, sa gloire ternie et son nom effacé des monuments publics. Atonou n'est pas assez fort pour te protéger contre le dieu de Thèbes.

La moisson... En bas, des paysans travaillent la terre à la bêche et à la charrue, tandis que l'un d'eux sème à la volée. Au centre, les moissonneurs coupent les épis à la faucille; ils les coupent très haut pour laisser plus de paille aux bestiaux; derrière les moissonneurs, deux femmes glanent et une troisième va servir le repas des travailleurs. En haut, deux serviteurs apportent les épis dans un couffin (deux autres s'en vont avec leur couffin vidé). Les épis seront jetés sur une aire où les bœufs les piétinent pour en extraire le grain.

(Cliché Archives Photographiques - Paris)

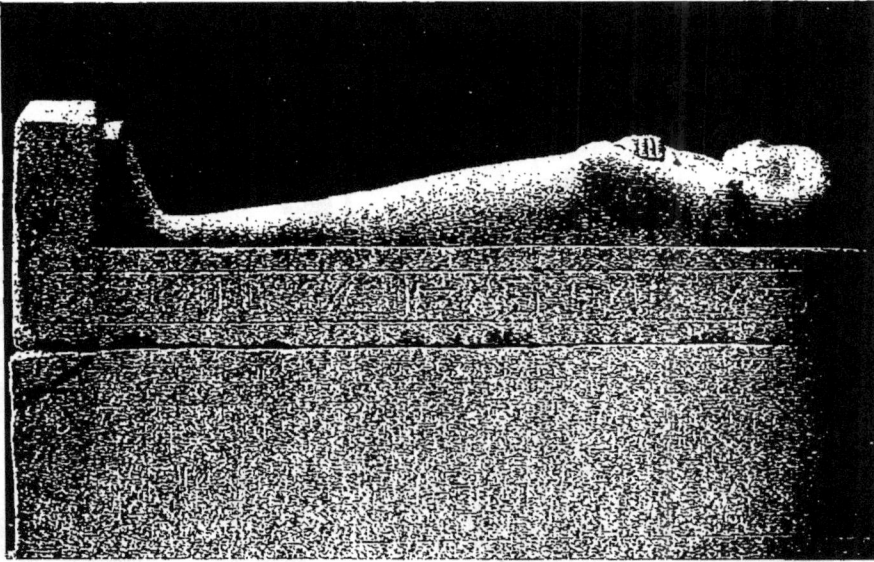

Le sarcophage était la « maison d'éternité » du mort. Dans le sarcophage en pierre, on plaçait le coffre de bois peint qui contenait la momie. Les Egyptiens étaient persuadés que tant que durerait la momie, le « double » du défunt continuerait à vivre d'une vie à demi-matérielle, qui devait s'éteindre si la momie venait à être détruite. Ceci explique toutes les précautions prises pour la conservation des cadavres. Ce sarcophage appartient à l'épouse d'un pharaon de la XXVIᵉ dynastie.

(Cliché Archives Photographiques - Paris)

Mais le prince, qui n'ignorait pas que ses conseillers avaient reçu des présents des prêtres d'Amon pour tenir ce langage, feignait de ne pas entendre.

Cependant ses armées essuyaient des échecs inexplicables, ses troupeaux dépérissaient, les monuments qu'il commandait ne s'achevaient pas.

— Tu es comme Râ, lui murmuraient ses généraux, le front dans la poussière ; tu es la sagesse et la clarté, les désirs de ton cœur se réalisent... néanmoins tu éprouves des désagréments ; n'est-ce pas ton père Amon qui te les envoie dans sa douleur de l'abandon où tu le laisses ?

Pharaon savait que les paroles de ses généraux étaient inspirées par l'or du premier prophète d'Amon et il fit la sourde oreille.

Des pierres, des fûts de colonnes, des portiques bravant le temps... Le temple d'Amon-Râ, de Karnak, n'a pas encore révélé tous les secrets qu'il contient, touchant ceux qui le bâtirent et ceux qui vécurent à l'ombre de ses autels.

(Temple d'Amon-Râ - Cliché Lehnert et Landrock)

Bientôt il mourut.

Saakare comme lui s'obstina et son règne fut bref. Tout-Ank-Amon renoua le culte traditionnel; il demanda la protection du dieu Amon, lui offrit de riches présents, fit sculpter son image auprès de celle de la divinité de Thèbes.

Aï, son successeur, revint d'abord à Atonou; il connut à son tour les échecs et les revers.

— Toi, tu peux dire à ton père le Nil : « Retourne à ta source ». Pourtant tes armées invincibles ont été repoussées et tes vils ennemis les harcèlent de toutes parts. Ne crois-tu pas qu'Amon...

Aï comprit. Il retourna à Thèbes et y prépara son tombeau. Il prodigua des présents aux temples d'Amon, fit graver à nouveau le nom d'Amon où il avait été effacé, sacrifia à Amon et abandonna Atonou, son culte et ses temples.

Ses armées furent partout victorieuses, ses vaches engraissèrent, ses récoltes furent les plus belles de l'Égypte; il régna en paix sur la Terre-Entière.

Amon avait été le plus fort.

La fabrication de la bière, boisson nationale des Egyptiens, grands cultivateurs d'orge. Il y avait la bière ordinaire (haq) et la bière douce (haq nozmou), tisane d'orge non fermentée. La bière servait également comme médicament pour certaines maladies. Le vin était rare et réservé aux gens riches, bien que la vigne poussât fort bien dans certains cantons du Delta.

(Cliché Archives Photographiques - Paris)

La vue d'ensemble du grand temple d'Amon-Râ de Karnak, se reflétant dans les eaux du lac sacré, ne donne qu'une faible idée de ce que fut cette véritable cité religieuse avec ses sanctuaires, ses cours, ses portiques, ses magasins et les logements de ses prêtres.

(Temple d'Amon-Râ - Cliché Lehnert et Landrock)

CHAPITRE V

SÉSOSTRIS

ÉSOSTRIS (1) était assis sur un trône d'or dans le temple de son père Amon. Il était venu consulter le dieu sur une question de très haute importance : il désirait savoir en quel lieu il édifierait sa tombe, sa « bonne demeure », dans laquelle il poursuivrait, pendant des millions d'années ou davantage, une vie que les oracles lui avaient prédite devoir être courte sur la terre.

(1) 1292 à 1225 av. J.-C.

L'emplacement, l'orientation, l'exposition, le sol d'un tombeau avaient une importance considérable. S'il était mal situé ou s'il était édifié sur un terrain d'une nature défavorable, le double du défunt ne s'y plaisait pas; il répugnait à y rentrer auprès de sa momie et il errait triste et morose par le monde inhospitalier au mort. Au contraire, si tout était à souhait dans « la bonne demeure », le double s'y installait, sortant le moins possible et uniquement lorsqu'il avait affaire au dehors ou que sa présence était sollicitée par les incantations magiques d'un descendant ou d'un parent.

En somme, le mort continuait sa vie terrestre; seulement, au lieu d'une existence courte et provisoire, il menait une existence sans fin ou du moins qui ne se terminait que lorsque son cadavre était détruit, soit par la décomposition normale, soit par un attentat ou un accident. C'est pourquoi on embaumait les morts, afin de les rendre réfractaires à la décomposition qui était une seconde mort, définitive celle-là; c'est pourquoi on prenait tant de précautions pour interdire l'accès de la chambre mortuaire; c'est pourquoi, enfin, on construisait plus somptueusement et plus solidement les demeures des défunts que celles des vivants. Tel qui se contentait d'une maison en briques séchées au soleil pour abriter sa personne durant les cinquante ou soixante ans de sa vie terrestre, exigeait de la pierre de Troja ou

Assis côte à côte sont Amon et Mout, les époux divins. Amon est coiffé d'un mortier surmonté de deux plumes de faucon; Mout porte le pschent. N'est-elle pas reine de la Terre-Entière, elle qui est maîtresse de tout ce qui vit?

(Cliché Archives Photographiques - Paris)

Cette belle tête pensive est celle du dieu Amon. D'abord personnification de l'air et du vent, il fut assimilé au Soleil par les Thébains et devint Amon-Râ, le principe créateur de toutes choses. Les prêtres, usufruitiers de l'immense fortune du dieu, étaient les personnages les plus puissants de l'Egypte et faisaient échec aux Pharaons.

(Masque d'Amon - Moulage - Cliché Archives Photographiques - Paris)

de Rohanou pour sa demeure éternelle.

Sésostris — nom sous lequel nous désignons Râmsès II, le grand prince de la dix-neuvième dynastie — trônait donc dans le sanctuaire d'Amon, en face de la statue prophétique du dieu. La reine était assise à ses côtés et, debout près de lui, dans l'attitude du plus profond respect, se tenait le premier prophète. Vers l'entrée du sanctuaire, hors de la portée de la voix, étaient massés les courtisans, intendants et chambellans des deux Maisons — tout était protocolairement double dans le double royaume — trésoriers du double Trésor et tous ceux qui, sans emploi fixe, étaient désignés sous le nom « d'amis de Pharaon ».

Sésostris causait familièrement avec le prophète. Il fallait bien que celui-ci connût complètement la pensée du monarque pour la traduire à la divinité. Entre Pharaon et son père Amon un truchement restait indispensable.

— Depuis l'âge de dix ans, disait Sésostris, je fais la guerre. Dès que mon père Séthi m'eut associé à son trône, il m'envoya combattre ses ennemis. Maintenant, dans la force de l'âge, je veux jouir enfin d'une paix que je crois avoir méritée et ne plus connaître d'autres travaux que l'édification de temples pour les dieux et d'une « bonne demeure » pour moi et pour ma chère épouse.

Ramsès II disait vrai; son père Séthi I en avait, de son vivant, fait un Pharaon pour des raisons politiques et, à dix ans, pour ces mêmes raisons, il l'avait envoyé guerroyer au loin.

Séthi avait été un roi guerrier et constructeur. Il s'était couvert de gloire en Syrie et en Nubie; il avait bâti un temple funéraire à Abydos, construit la fameuse salle hypostyle de Karnak d'après les plans de son père Ramsès I; il avait édifié superbement son propre tombeau (1).

Ramsès I également avait élevé des monuments. Son père Harmhabi — premier prince de la dynastie — avait démoli les temples d'Atonou, le dieu de ses prédécesseurs, et rétabli les statues et les cartouches d'Amon, le grand dieu de Thèbes.

Sésostris évoquait tous ces souvenirs.

— Je rêve d'un édifice immense, avec de vastes cours pour les sacrifices, de grandes salles pour les cérémonies commémoratives et pour le dépôt des offrandes. Je voudrais que mes victoires sur mes ennemis, définitivement vaincus et soumis, soient inscrites sur les murs.

— Ta Sainteté peut bien rêver à ces nobles choses, dignes du cœur du fils d'Amon. Le dieu qui t'a donné la force d'écraser à jamais le vil Khati, le plus insolent de tes ennemis, t'accordera désormais la paix pour accomplir tes desseins. Je vais d'ailleurs l'interroger devant toi.

A cet instant s'éleva une

Le serpent, de même que l'épervier, le faucon, l'ibis, le crocodile, le scarabée, était considéré comme une divinité, l'incarnation ou le symbole d'un dieu. Ce point est encore obscur pour nous. Le serpent signifie prudence et force ; en voici un qui protège Aménophis II, pharaon de la XVIIIe dynastie.

(Cliché Archives Photographiques - Paris)

(1) Connu comme le « tombeau de Belzoni », du nom de l'Italien qui le découvrit au XIXe siècle.

Au pied des pyramides de Gizeh veille le Sphinx, gardien de l'enceinte sacrée. Le temps et les injures des hommes l'ont bien mutilé, le nez et la barbe ont été brisés. Nous le voyons comme il était il y a quelques années, en partie ensablé.

(Cliché Lehnert et Landrock)

rumeur à l'entrée du temple où étaient groupés les courtisans. Pharaon se retourna, fronçant le sourcil.

— Qui donc ose me troubler quand je me prépare à conférer avec mon père Amon ? demanda-t-il d'un ton sévère.

Courbé en deux, l'un des conseillers du Roi s'avança vers le trône et se prosterna.

— Soleil resplendissant et victorieux, un courrier vient d'arriver des pays de l'Est et il apporte des nouvelles.

Ce messager, Pharaon l'attendait avec impatience. Le protocole eût voulu qu'il le reçût hors du temple, mais il ne put réfréner le désir de son cœur d'ouïr sur-le-champ ce que l'homme avait à dire.

— Qu'il approche ! ordonna-t-il.

Une pareille infraction au cérémonial remplit les courtisans de stupeur. Le légat royal, encore tout couvert de la poussière de la longue route, fut conduit dans la cour du temple et purifié, puis un maître des cérémonies le guida vers le trône du fils d'Amon.

— Dis les nouvelles que tu apportes.

— O Prince tout-puissant, dont les plus secrets désirs sont accomplis par son père Amon, dont Osiris et Phtah réalisent toutes les volontés ! ton indigne serviteur doit te dire ceci : Le vil Khati a eu l'impudence de se révolter contre tes justes lois ; il a osé lever une armée de ses sujets rebelles à ta sainte autorité et il se prépare — l'insensé — à combattre tes troupes invincibles.

Sésostris pâlit. N'en aurait-il jamais fini avec le vil Khati? Cette paix qu'il souhaitait s'éloignerait-elle toujours?

Laissant là le premier prophète d'Amon élaborer d'autres prophéties plus conformes à l'événement, Pharaon sortit du temple. Il monta sur son char, puis, entouré de ses gardes, suivi du char de la Reine, de ceux de ses courtisans, il regagna son palais.

— Que l'on rassemble l'armée, décida-t-il. J'irai moi-même châtier le vil Khati.

Le Sphinx de Gizeh tel qu'on le voit aujourd'hui désensablé. La première fois que l'on procéda à ce travail, ce fut sous le règne de Thoutmosis IV, à la suite d'un rêve qu'avait fait ce monarque. Il fut encore dégagé au XIXᵉ siècle par Caviglia, aux frais d'une compagnie anglaise.

(Etat actuel du Grand Sphinx - Cliché Lehnert et Landrock)

*La reine Tii (ou Teye) épouse du pharaon Améno-
phis III de la XVIIIᵉ dynastie. Elle est coiffée de
l' « uraeus », coiffure divine ou royale. Le serpent
(naja) dont la morsure est redoutable a été brisé, mais
on en voit l'attache. Placé sur le front des rois, il
symbolisait leur force et la puissance des coups que les
monarques pouvaient porter à leurs ennemis.*

(Cliché Archives Photographiques - Paris)

Aussitôt la demeure royale fut bourdonnante de rumeurs, le bruit franchit son enceinte sacrée, se répandit dans Louqsor, dans Karnak, dans les faubourgs de l'autre côté du fleuve, remonta le cours du Nil jusqu'au delà d'Éléphantine, descendit à Memphis et aux cités du Delta (1).

Les scribes traçaient sur des feuilles de papyrus des ordres de mobilisation pour les nomarques. Les légats royaux, au fur et à mesure de leur rédaction et de leur signature, partaient sur des chars rapides vers le Nord et vers le Sud. Ces ordres étaient complétés par des instructions aux intendants des greniers de Pharaon de préparer et de distribuer du grain et des vivres; aux administrateurs des magasins d'armes et des arsenaux de sortir de leurs réserves des lances, des arcs, des flèches, de fabriquer ce qui était nécessaire; aux chefs des haras de choisir les meilleurs chevaux et les chars les plus résistants.

Quand les légats royaux parurent dans les nomes, les nomarques lancèrent à leur tour des rescrits à leurs subalternes, assignant rendez-vous pour tel jour et telle heure à leur palais. L'arrivée de ces documents dans les villages fit éclater les pleurs des femmes, des mères, des sœurs,

_____
(1) Les détails qui suivent sont tirés du livre de M. Maspero : « Au temps de Ramsès et d'Assourbanipal ».

des pères, en même temps que retentissaient les cris belliqueux des jeunes hommes.

L'armée se composait en Égypte de soldats de métier et de recrues. Les soldats de métier ne servaient que pendant un temps restreint, ensuite ils se retiraient dans les nomes où ils cultivaient les terres qui leur étaient accordées par Pharaon en échange de leurs services. Ils devaient, à tout moment, être prêts à prendre les armes. Ils étaient les premiers à accourir au ban du nomarque.

Plus lentement, guidés par les chefs des villages, arrivaient les recrues. Les jeunes hommes ne chantaient plus, leurs cris guerriers s'étaient tus. Par contre, les sanglots et les lamentations des pères, des mères, des femmes qui accompagnaient le cortège devenaient plus aigus à mesure que l'on approchait du palais du seigneur. Les Égyptiens des campagnes n'avaient aucun goût pour le métier des armes.

Assis sur un siège élevé, sous un portique couvert, au fond de sa vaste cour, là où il rendait habituellement la justice, le nomarque trônait, assisté du légat royal, flanqué du directeur des soldats, des scribes du recrutement, le calame à l'oreille, les registres sur les genoux. Des chaouiches, qui servaient indifféremment d'huissiers et de bourreaux selon les circonstances, se tenaient debout, le bâton à la main, prêts à activer les opérations.

— Que l'on ouvre les portes, ordonne le nomarque.

Les jeunes gens d'un village précédés du maire s'avancent lentement. Le maire s'agenouille, dit le nom de sa localité. Les scribes indiquent le

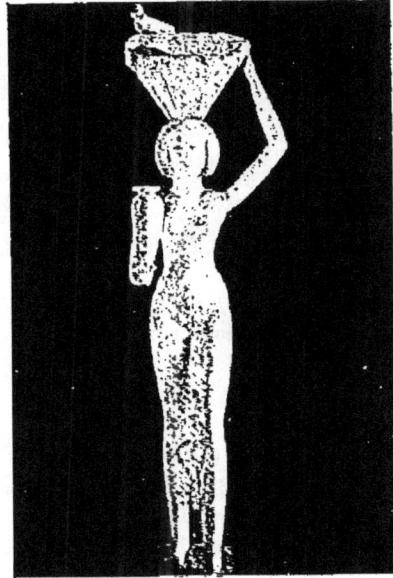

Cette porteuse d'offrandes (statuette en bois peint) fait partie d'un cortège funéraire; le vase dans sa main droite et le panier sur sa tête contiennent des provisions de bouche, que le double sera bien heureux de trouver plus tard, lorsque ses descendants négligeront de lui servir des repas mortuaires.

(Bois stuqué et peint - Musée du Louvre Cliché Archives Photographiques - Paris)

Aménophis III (1411-1375 av. J.-C.) avait fait élever ce Sphinx dont le visage était sculpté à sa ressemblance. Sa force, que symbolise le corps du lion, il la fit sentir aux turbulents habitants de Numidie.

(Turin - Musée des Antiques - Cliché Alinari)

nombre de soldats que le village devra fournir. On appelle les noms d'après les listes tirées des coffres de la mobilisation et toujours tenues à jour. Parfois le maire doit fournir une explication. Pourquoi un tel n'est-il pas là? Le temps presse. Si le maire hésite, un coup de bâton d'un chaouiche lui rafraîchit la mémoire.

On met de côté les « bons pour le service », on renvoie les autres. Les élus sont parqués au fond de la cour.

Un autre village est appelé, puis un autre. Durant plusieurs jours les opérations continuent, monotones.

Les futurs soldats sont encasernés. Ils font connaissance avec la ration militaire de blé, d'huile et de coups de matraque.

— Que l'on ramène ceux que j'ai choisis, prononce le nomarque lorsque l'appel général est terminé.

Encadrés de chaouiches au bâton actif, les « bons pour le service »

Deux soldats égyptiens solidement armés bondirent dehors.　　*page 47.*

reparaissent dans la cour. Le nomarque et ses lieutenants les inspectent à nouveau. Les moins bons sont réexpédiés dans leur village de façon à ne conserver que le nombre fixé; les meilleurs, ceux qui semblent doués de qualités particulières, sont désignés pour la cavalerie.

On équipe tout le monde. L'intendant de la «Maison des armes» distribue solennellement les boucliers de cuir de bœuf, la pique de six pieds, la javeline, la hache, l'arc, les flèches, le poignard et l'épée courte, pas de casque ni de cuirasse. Aux cavaliers — qui ne combattent pas à cheval — le « directeur des cavales » fournit un char et deux chevaux tout harnachés. Le char est léger, un homme peut le porter sur ses épaules; il est de construction rudimentaire, tout de bois et de cuir : un timon, un plancher de sycomore avec une petite balustrade, des roues à quatre, six ou huit rayons. L'équipage verse aisément, se brise souvent, mais peut passer partout. Chaque char est monté par deux hommes, un cocher et un combattant.

On se met à l'exercice qui se fait avec une extrême rigueur et qui est dirigé par des sous-officiers et des guerriers de métier, qui ne ménagent ni les cris, ni leur peine, ni les coups. En quelques jours tout est prêt. On reçoit les vivres : pour les chevaux des rations de fourrage et de grain; pour les hommes

Aménophis III — celui que les Grecs appelaient Memnon — est assis entre sa femme Tii et son fils, le futur Aménophis IV. Une fille du pharaon est sculptée debout entre son père et sa mère. Les Egyptiens, par respect pour les personnalités royales, ne représentaient jamais leurs enfants sous des traits enfantins; ils se contentaient de leur donner des proportions réduites.

(Cliché Archives Photographiques - Paris)

Les colosses de Memnon près de Thèbes représentent Aménophis III et devaient mesurer, lorsqu'ils étaient couronnés, 21 mètres de hauteur. La tradition grecque voulait que le colosse septentrional, brisé par un tremblement de terre, émît un son musical au lever du soleil. Septime Sévère fit réparer la statue et depuis lors elle fut muette. Faut-il croire à un phénomène physique dû à l'échauffement de la pierre ?

(Thèbes - Colosses de Memnon - Cliché Lehnert et Landrock)

une ration de pain qui durera quinze jours et qui est si dur qu'il faut le tremper dans l'eau pour le manger.

En route ! Les uns par terre, les autres en bateau sur le Nil, gagnent le point où le Pharaon attend avec sa garde composée de soldats d'élite et de barbares.

Le Roi passe une dernière revue, répartit ses troupes en quatre légions : celle d'Amon, celles de Râ, de Phtah et de Soutekhou, noms des dieux nationaux. Les chars sont sous le commandement personnel de Pharaon.

L'armée s'ébranle.

D'abord on traversa le désert jalonné par les stèles commémoratives des expéditions précédentes, et de celles des ancêtres de Ramsès. Puis on arriva dans les pays.plus fertiles et plus riants de la Syrie; enfin on atteignit les montagnes.

— Pas de trace d'ennemis, dit Pharaon retiré dans son pavillon démontable dressé au milieu du camp, un camp carré et fortifié où l'on accédait par une seule porte.

— O fils de Râ, répliqua l'un des généraux, le vil Khati a fui devant Ta Sainteté. Ses armées se sont dispersées tels les nuages devant le soleil.

— Je vais toujours envoyer des éclaireurs.

Les éclaireurs, officiers montés sur des chars, partirent de différents côtés. Ils revinrent sans avoir aperçu d'ennemis.

— Tu es comme Râ, dirent-ils, prosternés dans la poussière pour rendre compte de leur mission, si tu souhaites quelque chose pendant la nuit, à l'aube cela est déjà. Le monde est rempli de tes miracles. Et voici que tu as souhaité que le vil Khati disparaisse de la surface de la terre et il a disparu; les ravins l'ont englouti, les sables l'ont enseveli, les montagnes l'ont écrasé. Ton méprisable ennemi n'est plus et les remparts de Qodshou, sa capitale, tomberont à la vue de ta face resplendissante.

— Avançons, ordonna Pharaon.

On leva le camp. L'armée reprit sa route par des chemins de plus en plus difficiles. Chaque nuit on remontait le pavillon du Roi, on construisait un camp, on le fortifiait et on le gardait selon les méthodes enseignées par une science millénaire. C'était vrai-

Le temple d'Aménophis III à Louqsor est bien joli le soir, quand les ombres s'allongent. C'est de ce temple que provient l'obélisque qui orne la place de la Concorde à Paris et dont Méhémet-Ali fit cadeau à Louis-Philippe.

(Louqsor - Cliché Lehnert et Landrock)

ment un luxe de précautions puisque l'on n'avait pas rencontré dans le pays l'ombre seulement d'un ennemi. Mais tel était l'usage; ainsi agissait le dieu Horus dans la guerre qu'il soutint contre son oncle Set.

Comme, un matin, on se préparait à lever le camp, les sentinelles amenèrent devant Pharaon deux Bédouins qui affirmaient avoir une communication à lui faire.

— Nos frères, déclarèrent-ils après les paroles d'adoration rituelles, sont les chefs de tribus que le méprisable Khati oblige à combattre dans ses rangs. Ils nous envoient à Ta Sainteté pour te dire : Nous voulons servir Pharaon — vie, santé, force — et nous quittons le vil Khati.

— Où est donc le vil Khati? demanda le Roi satisfait, en caressant l'échine de son lion apprivoisé.

— Il a fui lâchement la colère de Ta Sainteté, par crainte de recevoir le châtiment qu'il mérite. Il est, avec le peu de rebelles qui ne l'ont pas quitté, loin, bien loin, à plusieurs journées de marche au nord de Qodshou dont les habitants soupirent après ta venue comme le voyageur du désert après l'eau du puits.

Le cœur tranquille, Pharaon se mit en route. Il envoya en avant ses légions de fantassins à travers les défilés de la montagne, sans doute pour préparer la ville de Qodshou, par un pillage en règle, à la joie de sa visite.

Lui-même, avec sa seule maison et quelques chars, s'engagea dans la plaine pour contourner le massif montagneux.

La petite troupe, alourdie par ses bagages, ses convois de vivres, son matériel de campement — ce n'était pas une petite chose que de transporter le pavillon démontable de Pharaon — cheminait depuis plusieurs heures, quand on aperçut à une grande distance s'élever un nuage de poussière.

— Qu'est cela? demanda Ramsès.

— Sans doute le vent qui accourt saluer en Ta Sainteté le maître de la Terre-Entière.

— Il serait bon de s'en assurer, décida le Roi.

Les officiers qui montaient les chars attelés des coursiers les plus agiles se détachèrent et s'élancèrent vers le nuage qui progressait rapidement. On les vit soudain faire demi-tour et revenir ventre à terre auprès de leur maître.

— Fils de Râ, dit le plus audacieux d'entre eux, nous avons vu le vil Khati au milieu d'une armée immense.

Sur des soubassements qui datent de la XVIIIᵉ dynastie (1540-1315 av. J.-C.), tout auprès de la cité effacée d'Héliopolis, s'élèvent aujourd'hui les pauvres demeures en terre battue de l'oasis d'El-Marg et la vie continue à l'ombre des palmiers devant les pierres qui ont vu crouler des empires.

(Oasis d'El-Marg - Cliché Lehnert et Landrock)

On remarquera les colonnes du temple d'Aménophis III, à chapiteaux ouverts et en forme de papyrus roulés; nombre de cartouches de ce roi ont été grattés et remplacés par ceux de Tout-Ank-Amon et de ses successeurs.

Pharaon demanda :

— Combien sont-ils ceux qui forment cette armée?

— Vingt mille peut-être. Nous avons pu dénombrer près de trois mille chars.

Devant cette ahurissante nouvelle, Sésostris ne se troubla point. Il envoya des messagers rejoindre ses légions et leur donner l'ordre d'accourir. Quant à lui, il rangea ses chars sur une ligne et se plaça au centre. Puis il pria d'une voix forte :

— O mon père Amon, me voici au milieu de peuples nombreux; toutes les nations se sont réunies contre moi et je suis seul devant elles, mais toi tu l'emporteras sur eux.

Et ses soldats crièrent à leur tour :

— Sauve-nous, ô seigneur Ramsès! Sauve-nous!

Le Roi jeta un ordre bref et les chars filèrent, bondirent en avant.

Il n'y avait là que des soldats d'élite, avec des cochers expérimentés, des chevaux entraînés. Les naseaux fumants ne formaient qu'une ligne droite que l'on eût crue tirée au cordeau.

Les guerriers égyptiens, en approchant des ennemis, avaient tous bandé leurs arcs et une volée de flèches bien dirigées s'abattit sur les Khati.

Ceux-ci avaient des chars plus grands, plus lourds, chacun monté par trois hommes : un cocher, un combattant et un écuyer qui protégeait ses deux compagnons de son bouclier. Cependant la discipline n'était pas le fort des soldats du méprisable Khati. Leurs chevaux s'emballaient, leurs rangs se trouvaient rompus dès le départ. Souvent des chars s'accrochaient, se brisaient, versaient. La pluie meurtrière des flèches égyptiennes jeta un complet désarroi dans leurs escadrons.

Les Khati avaient reconnu Pharaon à son armure brillante, à son char éclatant d'or, à ses coursiers blancs. Vers lui se ruèrent les meilleurs d'entre eux, mais, plus rapides que des éclairs, partaient les flèches lancées par l'arc de Ramsès. Son lion apprivoisé, doux comme un chien, était devenu furieux dans le fracas de la bataille. Il avait bondi au-devant de son maître, affolant les hommes et les chevaux.

Ce fut une belle débandade. Peu nombreux furent les guerriers de la cavalerie Khati qui attendirent le choc des chars égyptiens et le combat au sabre et à la lance. Après une courte mêlée où beau-

A Karnak, près du grand temple d'Amon, se dressait un petit temple dédié à Mout, dieu de la guerre, par Aménophis III. Ce sanctuaire est dégradé et en partie enseveli, mais on retrouve encore les embellissements qui y furent apportés par les Ptolémées. Voici la porte en grès construite par Ptolémée Evergète.

(Karnak - Porte de Ptolémée - Cliché Lehnert et Landrock)

coup de Khati trouvèrent la mort, les autres prirent la fuite. Restait l'infanterie. Celle-ci, hérissée de longues piques, résista mieux. Pharaon dut ordonner la retraite afin de reformer ses escadrons.

A plusieurs reprises il revint à l'attaque, non sans avoir, chaque fois, invoqué son père Amon. Chaque assaut entamait un peu plus les cohortes du méprisable Khati. Enfin, à la nuit, arrivèrent les légions égyptiennes. Elles couchèrent sur le champ de bataille et, le jour suivant, elles taillèrent en pièces le vil ennemi.

Pharaon, après cette sanglante victoire, reprit la route de Qodshou.

La capitale du méprisable Khati n'avait pas ouvert ses portes au vainqueur; elle s'était au contraire préparée à une farouche résistance, si bien que Ramsès préféra négocier une trêve avec les barbares.

Les années se succédèrent. Tous les ans la guerre s'allumait à nouveau en Syrie et, toujours, le vil Khati en était l'âme. La quatorzième année

Ce bas-relief nous fait assister à une scène de pêche. Voici les pêcheurs qui tirent le filet rempli de poissons; les voici emportant ce qu'ils ont pris, soit à la main — en passant un lien dans les ouïes du poisson — soit dans un récipient pendu à un bâton.

(Cliché Archives Photographiques - Paris)

Il est facile de suivre ici les différents stades de la fabrication d'une barque. En bas, les charpentiers creusent la pièce de bois qui formera la quille; à gauche, ils ajustent les bordages. En haut, la coque est achevée avec sa proue très élevée, sur laquelle on peindra les deux yeux (ouzate), sans lesquels une embarcation ne saurait, croit-on, se conduire.

(Sakkâra - Tombe de Ti - Cliché Lehnert et Landrock)

seulement, le prince de Khati implora la paix. Un traité fut conclu, qui était un traité d'alliance offensive et défensive. On y réglait les questions les plus diverses : extradition des criminels, facilités pour les voyageurs, protection des commerçants. Ce traité constitue l'instrument diplomatique le plus ancien que nous connaissions.

A ce moment, enfin, l'Égypte goûta les douceurs de la paix et Sésostris se rassit dans sa gloire sur son trône d'or.

Il se remit à construire. Il embellit et agrandit le temple d'Aménophis III à Louqsor et y dressa deux obélisques en granit, dont l'un est aujourd'hui à Paris sur la place de la Concorde. Il termina le Ramesseum, le temple de Tanis, et le spéos d'Ibsamboul en Nubie. A travers toute l'Égypte, on trouve inscrit le nom de Ramsès II. Il est vrai que souvent, dans leur hâte, les architectes ont inscrit son cartouche (1) à la place de celui du constructeur authentique. La muraille qui barrait l'isthme et en défendait l'accès aux pillards asiatiques fut, par les soins de Sésostris, réparée et fortifiée. Il fonda plusieurs villes, dont la plus importante fut Ramsès-Anakhouitou. Sur tous les murs s'étale le récit de la journée victorieuse de Ramsès contre le vil Khati et il est dit que « seul contre tous », Pharaon dispersa les ennemis. Ce qui nous persuade qu'il ne faut pas toujours prendre à la lettre les inscriptions.

En dépit de la prophétie de la statue de son père Amon qui lui prédisait une courte existence, Ramsès ne mourut qu'à l'âge d'environ cent ans, au milieu de l'adoration de ses peuples.

_____

(1) Le nom du Roi était encadré, un peu comme celui de nos vedettes de théâtre sur les affiches.

Aménophis IV (XVIII° dynastie), qui voulut détruire le culte d'Amon afin de secouer le joug des prêtres de ce dieu. Il alla jusqu'à changer son nom en celui de Kouniatonou.

(Tête de canope - Albâtre - Cliché Archives Photographiques - Paris)

Tout-Ank-Amon, autour duquel se sont formées tant de légendes... Ce prince de la XVIIIe dynastie rétablit le culte d'Amon, que son grand-père, Aménophis IV, avait cherché à détruire. Voici la tombe de ce monarque dans la Vallée des Rois, tombe dont l'exploration a été l'occasion de merveilleuses trouvailles.

(Thèbes - Tombeau de Tout-Ank-Amon - Cliché Lehnert et Landrock)

CHAPITRE VI

LES TRIBULATIONS DES MORTS

Lorsque Ramsès II eut rejoint son père Amon dans le sein de la terre sa réputation alla grandissant devant son peuple et il paraissait d'autant plus glorieux que ses successeurs le furent moins. Et pourtant ceux-ci faisaient tout ce qu'ils pouvaient pour forcer l'admiration des siècles à venir, jusqu'à inscrire sur les monuments, à leur propre actif, les hauts faits de Sésostris.

La dix-neuvième dynastie s'étant éteinte dans le désordre, une vingtième s'éleva au trône. L'Histoire l'intitule : la dynastie des Ramesséides, les souverains qui la composent portant, pour la plupart, le nom de Ramsès.

Ramsès III se signala d'abord par des campagnes heureuses. Lorsqu'il rentra de ces expéditions victorieuses, on l'accueillit avec des transports de joie. Le peuple égyptien n'était plus habitué aux triomphes.

Celui qui semblait le plus réjoui était le frère du Roi, Pentoêrit, à qui, pendant son absence, Pharaon avait confié le gouvernement du royaume.

— Enfin, te voici de retour, ô mon frère ! s'écria-t-il. Enfin, je vais décharger mes épaules du lourd fardeau du pouvoir. Je te demande une grâce : daigne célébrer ce jour fortuné dans ma demeure par un banquet que je veux magnifique.

Pharaon accéda au désir de son frère chéri. Dans le palais de Daphné de Péluse, il se rendit avec sa femme et ses six enfants et les chefs militaires qui avaient secondé ses armes.

Pentoêrit et ses amis déployèrent

Aménophis IV, le réformateur religieux qui tenta de détrôner Amon, voulut réagir contre l'art officiel. Ses effigies sont, on le voit, plus réalistes que celles des autres pharaons.

(Cliché Archives Photographiques - Paris)

tout leur zèle à servir Ramsès et ses proches. Les mets
les plus succulents défi-
lèrent devant eux et les
vins les plus délectables, si
bien que les enfants ne
tardèrent pas à s'endormir
du lourd sommeil de
l'ivresse, n'étant pas habi-
tués à boire d'autre boisson
que la bière ou que l'eau
du Nil.

Des danseuses, des chan-
teuses, des mimes accapa-
rèrent ensuite l'attention
des hôtes.

— Prince magnanime,
daigne narrer tes exploits,
supplia Pentoêrit.

Le Roi raconta :

— Les méprisables re-
belles furent épouvantés à
ma vue, comme des chèvres
assaillies par un taureau
qui bat du pied, frappe
de la corne et ébranle les
montagnes en se ruant sur
qui l'approche...

Le dieu Amon avec les avant-bras cassés. Est-ce l'effet des mutilations que fit subir aux statues de ce dieu Aménophis IV lorsque, par une révolution reli-gieuse, il chercha à détrôner cette divinité? Il fit briser les avant-bras des statues, pensant ainsi réduire Amon à l'impuissance.

(Amon - Cliché Archives Photographiques - Paris)

Longtemps il parla, si intéressé à son propre récit qu'il ne s'aperçut pas que son frère et les principaux d'entre les amis de Pentoêrit
avaient quitté la salle.

La chaleur était grande, malgré l'ardeur des esclaves à faire naître la
brise, avec leurs larges éventails emmanchés sur de longues hampes.

De nouveau le vin circula et des mets encore plus exquis que les premiers; des danseuses nubiennes apparurent, mimant les pas sacrés des
pays noirs. C'est alors que la salle s'éclaira subitement de reflets rouges
et que des torrents de fumée entrèrent par les fenêtres; c'est alors que
Pharaon s'aperçut de la disparition de son frère et de ses amis.

D'un bond, Ramsès fut sur pied et il courut à une baie. Horrible spectacle ! Tout autour du pavillon du banquet des fagots de bois, des roseaux séchés et d'autres matières inflammables avaient été entassés et incendiés, de sorte que l'édifice était enfermé dans un infranchissable anneau de feu.

La chaleur, la fumée, l'effroi avaient rejeté le Roi dans l'intérieur de la salle. Tous avaient vu, tous comprenaient leur sort. Les esclaves, les danseuses, les convives de moindre rang, pleuraient et se lamentaient. Les généraux, les courtisans discutaient des moyens de salut, tout au moins pour Pharaon.

— Le roi de la Terre-Entière doit-il donc périr ici, enfumé comme un rat ou brûlé comme une herbe de rebut? Les méchants, fils de Set, triomphe-ront-ils d'Horus?

Mais la Reine, qui jusqu'ici s'était tue, avait pris la parole.

— Cela ne sera pas. Ramsès, fils de Râ, doit vivre pour le bien des humains.

Elle donna un ordre. Des courtisans prirent deux des enfants royaux endormis près des tables désertes, les por-tèrent sur le brasier et, par ce pont atroce, le Roi et la Reine et leurs quatre autres enfants s'échappèrent de la maison ardente.

Pentoêrit et ses complices furent voués à un juste sup-plice.

De nouvelles conjurations suivirent celle-ci. Elles se répé-

Afin de prouver sa confiance dans le dieu Amon dont il avait relevé les autels, Tout-Ank-Amon avait tenu à se faire représenter entre les genoux de la divinité qui le protège et qui l'inspire.

(Thèbes - Cliché Archives Photographiques - Paris)

tèrent sous les autres Ramsès. Les grands, les nomarques, les fonctionnaires, cherchaient à substituer leur pouvoir à celui des Pharaons; le peuple, çà et là, se révoltait, poussé par la misère. Cette misère devenait immense et tragique. Le trésor royal ne pouvait plus payer les grands travaux et, si les fellahs s'étaient plaints jadis de trop travailler, ils se plaignaient maintenant de n'avoir plus d'ouvrage, partant plus de pain, plus d'huile, plus de légumes.

Parmi les mécontents se trouvaient, en masse, les étrangers, fils et petits-fils des esclaves

Séthi I, pharaon de la XIXe dynastie, qui régna de 1313 à 1292 av. J.-C., roi guerrier et constructeur; il fut enseveli à Biban-el-Moulouk et sa momie se trouve au Caire.

(Rome - Musée du Vatican - Cliché Alinari)

amenés à la suite des conquêtes; ceux-là formaient une population flottante, instable, sans moralité pour elle-même et démoralisante pour le peuple au milieu duquel elle vivait. Une vague de criminalité déferla sur le pays du Nil. Les assassinats, les brigandages, les vols se multiplièrent.

Ramsès IX réglait un jour avec ses conseillers les affaires embrouillées et difficiles du double royaume, quand surgit au milieu de l'assemblée un des familiers de Pharaon, un de ceux qui portaient le titre envié d' « ami » de Sa Sainteté.

Stupéfait de cette entrée brusque, contraire à toutes les règles du protocole, Ramsès tourna vers l'intrus un visage irrité. Ce dernier ne remarqua même pas le froncement de sourcils du maître; c'est à peine s'il songea à se prosterner. Il ne compara pas le Roi à son père Amon, à Râ, à Phtah ou à Osiris; il n'énuméra ni ses vertus ni les marques de sa puissance et, contrevenant aux usages sacrés de la manière la plus grossière, il s'écria d'une voix rauque d'émotion :

— On a violé la tombe de ton ancêtre Aménophis! On a profané sa momie, on a volé ses trésors!

La neige tombant sur le palais royal n'eût pas produit plus de confusion. Chacun posait des questions et le Roi comme les autres. Les règles séculaires du rituel, en un instant, furent balayées.

Aménophis I reposait, avec les princes de la dix-huitième, de la dix-neuvième et de la vingtième dynasties, dans une vallée d'un accès très difficile, où l'on ne pénétrait que par une sape effectuée dans la montagne. Cette vallée portait le nom de Vallée des Rois, car seuls les Pharaons, les grands-prêtres et de très hauts dignitaires y jouissaient, dans de superbes sépultures, du repos éternel.

Une enquête, sévèrement menée, apprit à Ramsès que des associations de voleurs, des syndicats de détrousseurs de morts, s'étaient

Séthi Ier dans sa représentation funéraire, portant autour de son corps des inscriptions sur lesquelles on lit son nom et son histoire, et dans ses mains, le bâton à crochet et le fouet à trois lanières d'Osiris.

(Cliché Archives Photographiques - Paris)

formés qui comptaient dans leur sein des ouvriers, des vagabonds, des prêtres et même des scribes de la police.

Ces hommes, puissamment outillés, creusaient des couloirs dans le roc et pénétraient dans les hypogées et les puits mortuaires, se jouant des murs maçonnés, des herses de pierre et de tous les pièges accumulés pour la défense des momies et de leurs trésors. Ils s'étaient d'abord exercés sur les tombes particulières et, maintenant, ils s'attaquaient aux nécropoles royales.

L'entreprise valait la peine d'être tentée. Les morts illustres ou simplement opulents étaient enterrés avec un somptueux mobilier, lits, chars, sièges, ustensiles, casques, armes, le tout en matières précieuses, en or souvent. On sait que l'Égyptien ne croyait pas mourir tout entier; il était persuadé que son double continuait à vivre tant que subsistait

A Kourna près de Thèbes, Séthi Ier éleva un temple funéraire à son usage, consacré à son père Ramsès Ier et au dieu Amon. Toute la partie extérieure a disparu et il ne reste que le sanctuaire proprement dit, avec sa salle hypostyle, son Saint des saints et des chambres latérales, ornées de bas-reliefs.

(Temple de Séthi Ier - Cliché Lehnert et Landrock)

sa momie. Ce double humain avait besoin des accessoires ordinaires de sa vie. Il usait du double des chars, des lits, des sièges, des armes, que l'on mettait à sa disposition et, plus ils étaient beaux, plus il se réjouissait. C'est grâce à cette croyance que nous possédons tant de vestiges d'une époque aussi lointaine.

Voler le mort, c'était le priver de son confort supraterrestre. Profaner la momie, la détruire, c'était blesser le double ou tuer le défunt une seconde fois. Voilà pourquoi de si terribles châtiments attendaient ceux qui avaient violé une sépulture. Voilà pourquoi tant de gens périrent sur le

A lire les cartouches qui ornent la ceinture de ce colosse de diorite (la statue assise mesure 2 m. 56) et les pourtours de son siège, on croirait être en présence d'une des innombrables effigies de Ramsès II. En réalité, celle-ci date de la XIIᵉ ou XIIIᵉ dynastie, et c'est un des rois de ces dynasties qu'elle représentait avec cette majesté froide et sévère. Voilà un cas flagrant d'usurpation dont le grand Sésostris était coutumier.

(Cliché Archives Photographiques - Paris)

pal après le crime que nous venons de relater.

Pendant un temps, une police spéciale fut attachée à la Vallée des Rois, police dont les prêtres d'Amon, plus puissants et plus riches que les Pharaons affaiblis, assumèrent la principale charge.

Puis, avec la vingt et unième et la vingt-deuxième dynasties, les rois abandonnèrent peu à peu Thèbes. Aoupouti, premier prophète d'Amon, trouva que cette surveillance des momies royales devenait trop onéreuse, il les fit toutes descendre dans une sépulture appartenant aux grands-prêtres.

Là, furent entassés pêle-mêle les Thoutmosis et les Ahmosis, les Ramsès — dont Ramsès le Grand, dit Sésostris — et les reines et les femmes des harems royaux. Plus de meubles précieux ! plus d'inscriptions louangeuses ! leurs doubles pouvaient donc désormais errer comme ceux des plus déshérités des hommes.

Le souterrain fut muré et cela avec tant de soin que ce n'est que de nos jours que la cachette de Déir-el-Bahari a été découverte et que ses augustes habitants, abandonnant encore une fois leur lieu de repos, prirent le chemin du musée du Caire.

Pauvres morts qui pensaient jouir de leur sépulture pour l'éternité !

Cette statuette en bois peint, datant de plus de deux mille ans avant notre ère, reconstitue pour nous le geste familier du rôtisseur.

(Cliché Archives Photographiques - Paris)

Devant l'entrée du temple souterrain d'Abou-Simbel sont assis quatre colosses de Ramsès II, taillés dans le roc. Leur hauteur est de 20 mètres environ. Le tronc du second colosse est tombé et gît à ses pieds, le troisième a été réparé par Séthi II.

(Temple d'Abou-Simbel - Cliché Lehnert et Landrock)

CHAPITRE VII

LES ALLIÉS DE SÉTHON

SÉTHON (1) n'était pas un puissant monarque.

Les Pharaons de la vingt-deuxième dynastie, originaires de Bubaste, n'avaient pas établi leur capitale à Thèbes où l'autorité royale était tenue en échec par les prêtres d'Amon; ils s'étaient retirés à Memphis ou à Bubaste, leur patrie. Là, ils avaient l'illusion de régner.

_____

(1) 600 environ av. J.-C.

Ils s'intitulaient toujours princes de la Haute et de la Basse Égypte, rois de la Terre-Entière; ils s'entretenaient dans les temples avec les dieux, leurs aïeux; ils offraient les sacrifices rituels, ils célébraient le culte d'Apis, le taureau sacré, incarnation d'Osiris et de Phtah, taureau noir qui portait au front un triangle blanc, sur le dos l'image d'un vautour et sur la langue celle d'un scarabée, et dont les poils de la queue étaient doubles; ils présidaient à l'intronisation d'Apis dans le temple de Phtah, et à son ensevelissement dans le Sérapeum de Memphis; mais s'ils

La mère de Ramsès II, femme de Séthi I. Ce prince, fils lui-même de Ramsès I, usurpateur de la double couronne, avait épousé une petite-fille d'Aménophis III, souverain légitime.

(Rome - Musée du Vatican - Cliché Alinari)

voulaient donner un ordre ou lever un impôt, personne ne les écoutait hors des villes du Delta. Et encore!...

Les nomarques avaient repris leur indépendance et chaque nome était un petit royaume. Quand s'éteignit sans gloire cette dynastie bubastide, une autre s'éleva à Tanis, qui fut la vingt-troisième. Après un essai de reconstitution du royaume, la dynastie tanite disparut à son tour et fut remplacée par des Pharaons issus de Saïs.

La dynastie saïte, de modeste extraction, se fit, à ses débuts, remar-

Ramsès II, fils de Séthi I, quatrième roi de la XIXᵉ dynastie et qui régna 67 ans (1292-1225 av. J.-C.). Il conduisit lui-même les guerres contre les Hittites et contre le prince de Khati et parcourut victorieusement la Syrie, la Palestine et la Lybie. Le traité de paix qu'il conclut avec ses ennemis — le premier instrument diplomatique que nous connaissions — est copié tout au long à Karnak et au Ramesseum.

(Turin - Musée Egyptien - Cliché Alinari)

quer par sa vaillance et son ardeur. Les quelque vingt roitelets qui se partageaient la vallée du Nil, craignant de voir leur échapper le sceptre usurpé, se tournèrent vers Napata, la capitale de l'Éthiopie, là où commandaient les rois-prêtres d'Amon-Râ, exilés par les Pharaons de la vingt-deuxième dynastie.

Piankhi-Miamoun écouta la voix des nomarques rebelles; il envahit l'Égypte, où il établit un empire sur lequel ses descendants régnèrent et leur dynastie constitue dans l'histoire de l'Égypte la vingt-cinquième.

Cependant les Éthiopiens ne s'étaient jamais bien installés dans le Delta où la dynastie nationale continuait à végéter, pressée entre les envahisseurs du Sud et les petits princes locaux rebelles. A cette dynastie appartenait Séthon...

On voit que nous avons raison d'affirmer que Séthon n'était pas un puissant monarque.

Séthon n'était pas un puissant monarque mais c'était un bon roi, en ce sens qu'il voulait le bon- heur du petit nombre de sujets qui lui restaient fidèles. Avant de ceindre la double couronne un peu ridicule sur son front, il avait été prêtre de Phtah et prêtre il restait, même sur le trône.

Son principal souci était de conserver la paix. Il l'avait obtenue des usurpateurs éthiopiens au prix

Dans le temple de Louqsor, que Ramsès II agrandit et embellit, se dresse la statue colossale de ce monarque. C'est du moins ce que les inscriptions affirment.

(Louqsor - Statue de Ramsès II - Cliché Lehnert et Landrock)

Le grand Ramsès, vainqueur en Syrie, en Palestine et en Lybie, constructeur des temples funéraires d'Abydos et du Ramesseum, des temples souterrains (speos) d'Abou-Simbel en Numidie; restaurateur et continuateur des temples de Karnak et de Louqsor.

(Ramsès II - Cliché Archives Photographiques - Paris)

des plus cruelles concessions, il la maintenait grâce à sa prudence extrême avec ses turbulents voisins de l'Est, les Assyriens, et leur roi conquérant, Sennachérib.

Cet heureux résultat atteint, Séthon se mit à l'œuvre pour rétablir la prospérité dans son royaume. Après les invasions de Piankhi-Miamoun et de ses descendants, tout était à refaire. La misère et la désolation s'étaient abattues sur les villes et les campagnes, les temples étaient détruits, les champs saccagés. Séthon releva les temples, il donna des terres aux paysans; ces terres, il dut les arracher aux guerriers et à leurs chefs, qui jouissaient de domaines concédés par les Pharaons en échange du service militaire. Ce nouveau partage ne se fit pas sans protestations. Mais qu'importaient au Roi les récriminations des soldats, dont il espérait bien n'avoir jamais besoin.

Un jour, Séthon était en train de travailler parmi ses scribes, quand, devant lui, se présenta un de ses plus intimes conseillers.

— Fils de Râ, dieu vivant, dit cet homme de bien, je suis porteur d'une mauvaise nouvelle : Sennachérib a rompu les traités de paix; il s'avance vers Péluse avec une armée de deux cent mille hommes, tant Assyriens, qu'Arabes et que Chaldéens.

Séthon se redressa.

— Puisque l'Assyrien félon nous attaque, nous nous défendrons. Que l'on fasse comparaître le chef de nos fantassins et le commandant de nos chars afin qu'ils connaissent notre volonté.

Lorsque les deux généraux furent aux pieds de Pharaon et qu'ils se furent prosternés, le front contre les dalles, Séthon les mit au courant de la situation.

— Faites, au plus vite, rassembler nos fantassins, armer et équiper nos chars, dit-il en terminant. Nous soutiendrons le premier choc de Sennachérib avec nos guerriers de métier. Derrière le rempart de leurs poitrines, nous lèverons et instruirons les réserves. Les nomes du Sud ne refuseront pas de nous secourir dans ce péril qui les menace autant que nous, mais il faut leur donner le temps d'arriver.

Les deux chefs ne répondirent pas aux paroles de Pharaon. Ils res-

Un des deux colosses de Ramsès II qui se trouve sur l'emplacement de Memphis, une des métropoles les plus populeuses et les plus célèbres de l'antiquité, fondée par Menès, le premier roi de la première dynastie historique, qui régna 3400 ans avant J.-C. Elle disparut vers le XIIᵉ siècle de notre ère (?). Il n'en reste plus aujourd'hui que les nécropoles.

(Memphis - Cliché Lehnert et Landrock)

Le Ramesseum était le temple funéraire que Ramsès II érigea pour lui-même dans la plaine thébaine. Ces statues colossales aux têtes brisées sont celles du roi défunt en Osiris.

(Thèbes - Le Ramesseum - Cliché Lehnert et Landrock)

taient devant lui dans la posture de l'adoration.

— Eh bien ! m'avez-vous entendu ? s'écria le monarque impatienté. Il n'y pas de temps à perdre.

— O maître de toutes choses ! répliqua enfin le commandant des chars, que Ta Sainteté ne compte pas sur les guerriers. Dans ta sagesse, tu les as dépouillés des biens que tes prédécesseurs éternellement vivants leur avaient octroyés; ni les officiers des chars ni les soldats ne combattront pour ta cause.

— Il en est de même des fantassins, ô Roi de la Terre-Entière ! ajouta le général de l'infanterie.

La figure de Pharaon prit la teinte de la cire. Il donna l'ordre aux prêtres — les autorités militaires refusant de procéder aux levées des troupes — de rassembler les petits marchands, les foulons, les artisans, les vivandiers, les pêcheurs, les paysans et de les armer.

Tous accoururent, mais ils étaient là sur les places et autour des temples, incapables de se servir de leurs armes, sans chars pour les appuyer, sans autres chefs que des prêtres à la tête rasée pour les commander.

— Maître de la Terre-Entière, les Assyriens approchent, venaient dire les légats.

Pharaon, dans cette détresse, se souvint de Phtah, le dieu tutélaire, dont il était le prêtre. Il s'en alla à son temple, franchit les cours bondées

Ruines du Ramesseum. Deux cours précèdent la grande salle hypostyle (celle où se tenait le peuple), les deux petits hypostyles (réservés aux dignitaires) et le Saint des saints, où n'accédaient que les prêtres et dont nous n'avons pas conservé de vestiges.

(Thèbes - Le Ramesseum - Cliché Lehnert et Landrock)

d'hommes qui gémissaient sur le sort cruel qui les attendait; il pénétra dans les grandes salles remplies de prêtres en larmes; il entra dans le Saint des saints où trônait, immuable, la statue du dieu.

— Laisseras-tu, ô mon Père, les barbares fouler le sol de l'Égypte, renverser les temples des divinités, mettre à mort les animaux sacrés?

Il priait en tenant embrassés les genoux de la statue, il pria avec tant d'attention et si longtemps qu'il s'endormit. Dans son sommeil, il lui sembla que l'image de pierre s'animait et qu'une voix lui murmurait :

— Ne crains rien, mon fils. Va hardiment contre l'ennemi de ma terre d'Égypte. Je serai avec toi et mon secours ne te manquera point.

Lorsque Séthon s'éveilla, il était rasséréné. Il sortit du temple et se retira dans son palais où il revêtit son armure royale. Il ordonna aux prêtres de faire rassembler le peuple et, à la tête de cette armée de petites gens qui ne savaient ni bander un arc, ni lancer une javeline, ni manier un sabre, il arriva aux environs de Péluse, la porte de l'Égypte.

Là, tant bien que mal, il dressa son camp.

Devant lui, à trois portées de trait, était le camp de Sennachérib...

Si l'esprit du dieu n'avait pas habité le cœur de Pharaon, il eût désespéré de son royaume. Le camp assyrien était immense et tout bourdonnant d'une multitude enfermée à l'étroit. De son pavillon royal, Séthon voyait les casques empanachés des soldats ennemis, le parc des chars innombrables, les entassements d'armes de toute sorte, les tentes éblouissantes des chefs, et, superbe parmi les plus superbes, celle du roi Sennachérib. Des chants barbares s'élevaient des retranchements assyriens. Les Asiatiques se préparaient à une victoire facile sur de malheureux Égyptiens, que ne commandait aucun véritable guerrier. Les envahisseurs songeaient au massacre du lendemain, aux torrents de sang qu'ils feraient couler, et cette pensée leur était douce.

Auprès du portique du Ramesseum gisent les restes formidables du colosse de Ramsès II. On suppose que sa hauteur totale devait être de 17 mètres 50 et son poids de plus de 20.000 quintaux. On est stupéfait du soin avec lequel cet énorme monument fut exécuté et poli.

(Thèbes - Le Ramesseum - Cliché Lehnert et Landrock)

Ensuite la terre d'Égypte et les richesses de ses temples seraient à eux...

La nuit tombait. Malgré la joie des uns, l'inquiétude et la peur des autres, le sommeil appesantissait toutes les paupières. Les chants se turent. Seules les sentinelles veillaient des deux côtés et aussi Séthon qui gardait les yeux fixés sur la campagne qu'il distinguait comme en plein jour, grâce à l'éclat de Tanit, reine des nuits, cette campagne paisible et découverte qui, demain, serait un champ de carnage pour les siens et peut-être son propre tombeau.

Les offrandes aux dieux ne peuvent être mieux faites que par le Pharaon, incarnation visible des divinités. Cette statue de Ramsès II offrant un autel fut trouvée dans le temple de Karnak, ce temple commencé par son père Séthi Ier et qu'il fit parachever.

(Karnak - Cliché Archives Photographiques - Paris)

Et voici qu'il fut témoin d'un incroyable prodige, à quoi il reconnut que son père Phtah tenait sa promesse : on eût dit que tous les coins de l'horizon s'animaient !

Le sol se mit à vivre et la surface de la terre se rida comme celle de la mer quand naît une brise légère. Les ondulations se rapprochaient du camp assyrien. On aurait juré que la terre d'Égypte se soulevait contre les profanateurs.

Séthon regarda mieux et il distingua que ces ondulations étaient produites par des milliers et des milliers de rats qui s'avançaient dans la direction des retranchements de Sennachérib. Les rats étaient si nombreux qu'ils cachaient complètement le sol.´

Ils envahirent le camp. Les sentinelles affolées essayèrent de leur barrer le passage; leurs sabres, leurs haches tranchaient dans ce tapis vivant. Peine perdue ! Les rats s'étaient rués sur les entassements d'armes ; ils rongeaient le cuir des boucliers, les cordes des arcs, ils dévoraient les carquois. Sous leurs dents les rayons des roues des chars s'effritaient, les courroies des épées disparaissaient. Encore et encore il en venait. Les tentes magnifiques s'effondraient, les chevaux dont les traits étaient coupés s'enfuyaient en tous sens. Et sans cesse la marée montait.

Lorsque le jour enfin parut, les rats disparurent comme par enchantement.

Les phalanges redoutables du roi d'Assyrie n'étaient plus qu'une tourbe désarmée et inoffensive. Des soldats peuvent-ils se battre sans arcs, sans flèches, sans lances, sans chars, sans baudriers pour attacher les épées, sans boucliers pour parer les coups ?

Au premier assaut des Égyptiens, les Asiatiques tournèrent les talons et les artisans, les petits marchands, les foulons et les paysans de Séthon purent massacrer les fuyards, tant et si bien que, sur les deux cent mille hommes qui obéissaient à Sennachérib, vingt mille seulement échappèrent pour aller périr de soif dans le désert d'Arabie.

Grâce à Phtah et à ses auxiliaires, l'Égypte était sauvée !

Ce très beau lion, admirable de réalisme, dégage une grande impression de force tranquille; il fut découvert par Mariette dans le Sérapeum.

(Lion en calcaire - Musée du Louvre - Cliché Archives Photographiques - Paris)

Au milieu des hiéroglyphes qui couvrent ce mur du temple d'Epet à Karnak — véritable page d'histoire — on remarque des personnages figurés en grandeur naturelle. Ce sont les dieux ou les hommes — reconnaissables à leurs attributs — dont l'écriture retrace les hauts faits.

(Karnak - Temple d'Epet - Cliché Lehnert et Landrock)

CHAPITRE VIII

LE DESTIN DE PSAMMÉTIQUE

LES dieux se lassent assez vite de faire des miracles en faveur d'hommes qui comptent uniquement sur leur intervention et ne s'aident pas eux-mêmes. Phtah qui, une fois, avait sauvé l'Égypte au moyen de ses phalanges de rongeurs, ne s'opposa plus à la nouvelle avance des troupes du roi d'Assyrie.

Un des successeurs de Sennachérib, Asarhaddon, envahit le Delta, battit le Pharaon Taharqou de la dynastie éthiopienne, s'empara de

Memphis, saccagea la ville et se proclama roi des rois d'Égypte.

Cependant les vingt petites principautés qui composaient l'Égypte et Thèbes, gouvernées par les prêtres d'Amon, ne s'étaient pas soumises.

Assourbanabal, successeur d'Asarhaddon, acheva la conquête, ravagea les cités, rançonna le trésor des prêtres d'Amon.

Thèbes, vaincue mais indomptée, releva la tête; elle fut ruinée de fond en comble, sa population entière chargée de chaînes et emmenée en captivité; le vainqueur emporta l'or, l'argent, les métaux et les pierres précieuses, tous les trésors des palais et des temples et même deux obélisques qui prirent la route de Ninive.

L'Égypte n'était plus qu'une province assyrienne. Trois années dura cet esclavage (1).

Au bout de ce temps, l'immense empire d'Assourbanabal fit entendre des craquements inquiétants, précurseurs de sa chute. Le Roi dut reconduire la plus grande partie de ses troupes vers l'Est, et quitter sa conquête, n'y laissant que des lieutenants.

Les principaux d'entre les petits rois de l'Égypte, dont

Les colonnes de la fameuse salle hypostyle du grand temple d'Amon à Karnak sont ornées du haut en bas d'inscriptions en caractères hiéroglyphiques. Ceux qui, grâce aux travaux de Champollion, ont pu les déchiffrer, affirment qu'elles décrivent en termes hyperboliques les victoires de Ramsès II, réservant aux ennemis des Egyptiens les qualifications méprisantes de « vils », « rebelles » et « barbares ».

(Karnak - Temple d'Amon - Cliché Lehnert et Landrock)

_____

(1) 663 à 660 avant J.-C.

les rivalités avaient causé la perte de la nation, s'allièrent au nombre de douze pour chasser les lieutenants d'Assourbana-bal; les prêtres prêchèrent l'indépendance et les dieux sortirent de leur torpeur.

La statue de Phtah rendit un oracle :

— Celui-là régnera sur les deux royaumes qui procédera aux libations rituelles dans une coupe d'airain. Je ferai surgir de la mer des hommes d'airain avec lesquels il réalisera la conquête de la Terre-Entière.

Cet oracle émut les douze rois et fit naître en leur cœur de la méfiance les uns envers les autres. Ils avaient cependant de si grandes tâches devant eux,

Statue colossale de Séthi II, petit-fils du grand Sésostris, qui succéda à Aménephthès, un des fils du glorieux monarque.

(Turin - Musée des Antiques - Cliché Alinari)

aussi bien dans leur gouvernement privé que pour les affaires générales de l'Égypte, qu'ils ne tardèrent pas à l'oublier. Ils se contentèrent de resserrer leurs alliances par des serments et des mariages.

Périodiquement, les rois se réunissaient et leur auguste assemblée se tenait dans le temple de Phtah à Memphis. Avant chaque conseil, ils faisaient des libations devant la statue de la divinité et ils se servaient pour cela de coupes d'or enfermées dans un recoin secret du temple.

Or, il advint qu'un jour où l'on devait traiter un sujet d'importance, les rois prirent les coupes d'or conformément à l'usage. Les onze premiers trouvèrent bien le vase précieux mais le douzième, qui était Psammétique, n'en eut point. Un voleur qui s'était introduit la nuit dans le sanctuaire l'avait dérobé.

— Qu'à cela ne tienne, dit ce roi sans arrière-pensée ; nous ne pouvons,

7

pour un aussi minime détail, retarder une délibération urgente.

Psammétique était, comme les autres princes, armé et casqué. Il prit donc son casque d'airain de sur sa tête et y versa le vin, puis il but dans ce récipient improvisé, après avoir répandu aux pieds de la statue les quelques gouttes traditionnelles.

C'est alors que les autres s'aperçurent qu'il avait procédé aux libations dans un vase d'airain et l'oracle leur revint à l'esprit.

Paqrourou, l'un des onze, prit la parole :

— Notre frère vient d'accomplir un geste qui doit le rendre suspect à nos yeux. Puisqu'il l'a fait sans dessein prémédité, nous devons lui laisser la vie, mais il ne peut plus régner avec nous. Il lui faut se retirer dans les marais du Delta avec défense d'en sortir et d'entretenir aucune correspondance avec le reste de l'Égypte.

Dans la cour du temple de Ramsès III (XXe dynastie 1200-1090 av. J.-C.) à Médinet-Habou, des colosses assez détériorés représentent ce monarque avec les attributs d'Osiris : le bâton recourbé et le fouet à trois lanières. Ce n'était pas un déguisement, les Egyptiens étant persuadés qu'Osiris se réincarnait dans leurs rois.

(Médinet-Habou - Cliché Lehnert et Landrock)

Le temple de Ramsès III, à Médinet-Habou, est construit sur le modèle du Ramesseum et consacré au même dieu Amon. Attenant à ce temple s'élevait un palais royal aujourd'hui disparu, car les Egyptiens construisaient pour l'éternité les demeures des dieux et des morts et pour le temps seulement les demeures des vivants.

(Médinet-Habou ▪ Cliché Lehnert et Landrock)

Le cœur ulcéré, Psammétique obéit à cet ordre d'exil.

Il vivait pauvrement dans les marais avec les siens, ruminant sa colère.

Un matin, un de ses serviteurs accourut, blême de terreur.

— Seigneur, dit-il, des hommes d'airain venant de la mer ont abordé sur le rivage !

D'abord l'exilé pensa que son serviteur était devenu fou ; il ne pouvait croire qu'il existât des hommes d'airain sortant de la mer. Pourtant, devant l'insistance de l'esclave, il résolut d'aller voir par lui-même ce qu'il en était. Il se rendit au rivage.

Là, il aperçut en effet des hommes revêtus d'armures qui échouaient leurs bateaux. Il s'agissait de pirates ioniens et cariens. Psammétique entra en rapport avec eux. Ils ne demandaient pas mieux que de le servir, moyennant une récompense. Il les enrôla, et, avec leur assistance, il vainquit les onze rois. Quand il eut réduit ses anciens rivaux à l'état de vassaux, il réunit leurs troupes aux siennes et chassa définitivement les Assyriens.

La vingt-sixième dynastie régna désormais sur les deux royaumes et l'oracle de Phtah était accompli.

Ce lion couché date de la XIX° dynastie, époque de l'apogée de la puissance de l'Egypte, de sa civilisation et de son art.

(Musée Barracco - Rome - Cliché Alinari)

La cour du temple de Ramsès III à Karnak. Contre le portique, huit colosses de ce monarque s'adossent aux piliers; les inscriptions pompeuses portent la dédicace de Ramsès III à son père Amon.

(Karnak - Cliché Lehnert et Landrock)

CHAPITRE IX

AMASIS LE FOURBE

VA, avait dit Apriès, (1) le victorieux, à Amasis, son favori, le commandant de ses gardes. Va, tu apaiseras la sédition. Mes soldats ont été trompés : ils se sont figurés que je les envoyais à dessein contre les Cyrénéens afin de les exposer à la mort, et cela dans le but de ménager mes auxiliaires grecs. Ce sont les prêtres qui propagent ces fables par haine contre moi qui ai dû puiser dans leurs inutiles trésors pour payer mes mercenaires, grâce auxquels j'ai défait Nabuchodonosor, (2)

(1) 588 à 569 av. J.-C.
(2) Nous gardons le nom de Nabuchodonosor parce qu'il est traditionnel, mais le nom du grand roi de Chaldée serait plutôt Nabuchodorosor.

le vainqueur de Jérusalem. Va, et dis-leur ce que tu sais. Ils t'ont vu le premier au combat, ils savent que tu m'as secondé dans les rudes tâches du pouvoir. Ils te croiront.

Ainsi parla Apriès, celui qui avait repoussé le grand roi de Chaldée, assis sur le trône de Babylone. Il avait parachevé l'œuvre de ses ascendants; de Psammétique, le fondateur de la vingt-sixième dynastie, qui, non content de libérer l'Égypte du joug des Assyriens, d'avoir fait l'unité du double royaume, avait relevé ses ruines, creusé un nouveau Sérapeum pour les Apis défunts, rétabli Thèbes et ses temples, donné l'essor à un art renaissant; de Néchao II qui, avec des fortunes diverses, tint tête à l'empire de Chaldée, destructeur du royaume d'Assyrie.

Seulement, tout comme ses ancêtres, Apriès aimait et protégeait trop les Grecs, des impies, qui se permettaient d'adorer d'autres dieux

Ce couloir souterrain de la tombe de Ramsès IX (XXᵉ dynastie) est semblable à tous les couloirs souterrains de toutes les tombes royales ou princières. Leur longueur diffère, mais leur tracé est presque toujours compliqué, et ils sont coupés de distance en distance par des herses de pierre, afin d'empêcher les voleurs de piller les richesses enterrées avec le mort.

(Thèbes - Tombeau de Ramsès IX - Cliché Lehnert et Landrock)

que ceux de la nation. Cela, ni les seigneurs, ni les prêtres, ni les artisans, ni les paysans, ni les soldats, ne le lui pardonnaient.

Amasis faisait diligence pour se rendre au camp des guerriers révoltés, qui se trouvait près de la ville de Saïs. C'était un homme d'origine fort obscure, que Pharaon avait recueilli tout enfant. Il s'en était féru à cause de son inlassable bonne humeur, de son caractère jovial, qui le rendaient sympathique à tout le monde. Son admirable appétit, son aptitude à absorber les boissons les plus fortes sans en être incommodé, lui valaient la considération des soldats et des gens du menu peuple. Pharaon en avait fait un général et le commandant de ses gardes. Amasis s'était montré digne de ces charges par sa bravoure et son intelligence.

Les restes des rois n'étaient plus à l'abri dans leurs tombes où les voleurs pénétraient, en dépit de toutes les précautions, par des galeries qu'ils creusaient dans la terre. Pendant le règne de la XXᵉ dynastie (1090-663 av. J.-C.) les momies royales furent réunies dans une cachette à Déïr-el-Bahari, la Vallée des Rois. En 1875, des fellahs découvrirent cette cachette et le pillage des morts recommença. C'est M. Maspero qui dépista les voleurs et fit transporter au Caire les augustes dépouilles, dont la momie de Ramsès II que voici.

(Le Caire - Cliché Archives Photographiques - Paris)

L'envoyé d'Apriès trouva les séditieux prêts à marcher en armes contre le Roi; leur colère savamment excitée par les prêtres était à son comble. Amasis harangua les rebelles, il leur rappela les campagnes où ensemble ils avaient souffert. On l'écoutait.

— A Amasis, vie, santé, force ! crièrent bientôt les soldats.

C'était l'acclamation dont on saluait Pharaon. Au milieu de ces ovations, un officier monta derrière le général et lui plaça un casque sur la tête.

— Voici la couronne qu'il mérite !

En un instant ce fut du délire. Amasis fut proclamé roi. Les prêtres ratifièrent cette élection. L'envoyé de Pharaon, élevé au trône par les soldats, prit le commandement et marcha à leur tête contre son maître.

Quand Apriès, qui était resté à Memphis, apprit la nouvelle, il fit

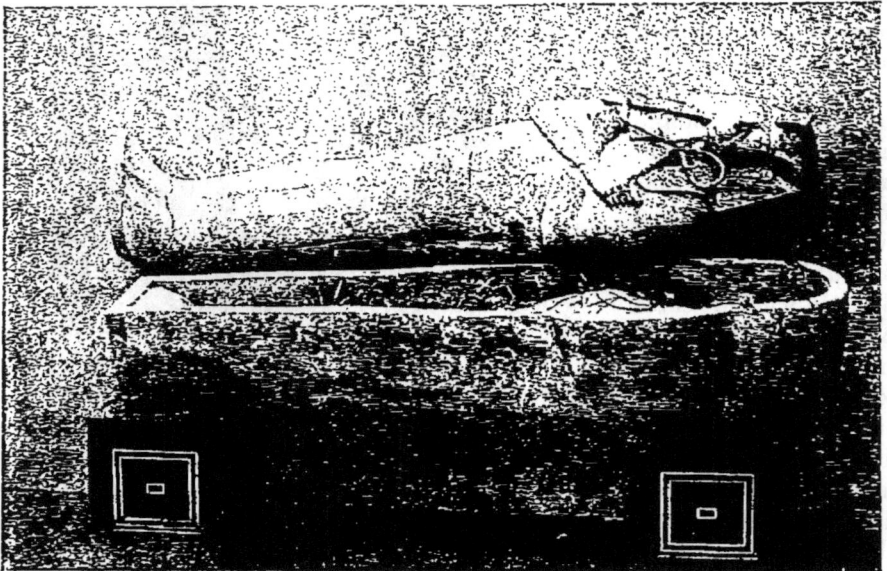

Le cercueil contenant la momie de Ramsès II. La momification consistait à ouvrir le cadavre, à le vider de ses viscères, à le laver intérieurement avec du vin de palme, puis à le laisser baigner pendant 70 jours dans le natron. Ensuite, on l'emmaillottait dans des bandelettes, parmi lesquelles on glissait des amulettes. Sur la figure, on mettait un masque représentant le visage du mort ; on cousait le corps dans un ou deux linceuls et on l'insérait dans un sarcophage en bois peint intérieurement et extérieurement et dont le couvercle était l'image du défunt idéalisée.

(Le Caire - Momie de Ramsès II - Cliché Archives Photographiques - Paris)

venir Patarlémis, un des seigneurs de sa Cour, vieillard connu pour sa vertu et sa sagesse, et il lui parla ainsi :

— Rends-toi auprès d'Amasis, rappelle-lui mes bienfaits et ramène-le moi. Je lui pardonnerai.

Patarlémis obéit, mais il ne reçut du général rebelle que des outrages. Lorsqu'il revint auprès d'Apriès, pour lui rendre compte de sa mission manquée, le Roi se mit dans une colère affreuse et fit couper le nez et les oreilles du noble vieillard.

Ce trait de cruauté aliéna à Pharaon ses derniers amis. Il fut vaincu par Amasis et massacré par la populace.

Le nouveau monarque commença à jouir en paix du pouvoir usurpé. Il gouvernait avec prudence.

Pendant ce temps, à Babylone, il se passait de grands événements. Les Perses, avec Cyrus, avaient vaincu les Chaldéens. Cyrus avait dompté tous ses voisins; il avait porté la guerre jusqu'en Extrême-Orient. Le vieux monde, sauf l'Égypte, se courbait sous son sceptre.

A la mort de Cyrus, Cambyse, son fils aîné, lui succéda et il inaugura son règne en faisant assassiner son frère Bardiya.

Mieux valait vivre en bonne intelligence avec ce sanguinaire voisin; c'est ce qu'Amasis comprit admirablement. Il

Voici une statuette d'un intérêt tout particulier. Elle représente la reine Karomama, épouse de Takelot II, Pharaon de la XXIIe dynastie; elle est en bronze damasquiné d'or. Des fils d'or soulignent le gorgerin et ornent le bas de la robe. M. Charles Boreux nous apprend que la perruque, le visage, les bras et les jambes de cette statuette étaient jadis dorés.

(Musée du Louvre - Cliché Alinari)

Le dieu Phtah, personnification du Nil, était le dieu de Memphis et du Delta; son importance décrut lorsque les Pharaons transportèrent à Thèbes leur capitale. Le scarabée lui est consacré.

(Phtah - Cliché Archives Photographiques - Paris)

fit creuser ou réparer des canaux, rouvrir des carrières; il restaura les monuments de Karnak; construisit, à Memphis, un temple à Isis où l'on voyait, dit Hérodote, un colosse couché de soixante-quinze pieds de long; il fit apporter des carrières d'Abou une chapelle monolithe (1) en granit rose, qui mesurait trente-trois pieds de hauteur, vingt-deux de profondeur, douze de largeur.

Ces paisibles travaux ne méritaient pas d'attirer sur l'Égypte la colère de Cambyse; aussi celui-ci entretenait-il en apparence des rapports amicaux avec Pharaon, mais, au fond de son cœur, il souhaitait la guerre par haine du royaume du Nil et surtout par convoitise pour ses trésors.

Un jour, un ambassadeur du roi des Perses arriva à Memphis. Après les compliments protocolaires, il exposa le but de sa mission :

— Mon maître, le Roi des rois, te prie, ô fils de Râ, de lui donner ta fille en mariage.

Cette demande courtoise cachait un piège. Jamais, depuis le temps de Menès, jamais, depuis des milliers d'années, une Égyptienne de sang royal n'avait épousé un étranger. Cambyse comptait sur un refus offensant qui lui eût permis de déclarer la guerre.

(1) D'une seule pierre. Il existe une chapelle de ce genre au Louvre, qui date également du règne d'Amasis.

A la stupéfaction de tous et de l'ambassadeur lui-même, Amasis
répliqua :

— Je donnerai volontiers la princesse, ma fille, au puissant maître
de Babylone.

Fallait-il que Pharaon aimât la paix pour sacrifier ainsi son enfant,
pour la perdre délibérément dans cette vie et dans l'éternité, car les barbares ne connaissaient pas les rites de l'embaumement et la princesse
était condamnée à mourir tout entière, le jour où elle quitterait la terre.

Bientôt l'ambassadeur repartit. Il emmenait une princesse admirablement parée, couverte des étoffes les plus précieuses, des joyaux les
plus rares, suivie d'une quantité de bagages remplis de richesses inouïes
et accompagnée d'esclaves d'une valeur inestimable.

Les plans belliqueux de Cambyse étaient renversés, mais il se réjouissait en son cœur de cette flatteuse union, de cette parenté avec un souverain d'Égypte, parenté dont il était seul, parmi tous ceux qui avaient
occupé un trône, à pouvoir se targuer.

Le mariage fut célébré en grande pompe et la princesse égyptienne
installée dans les somptueux palais de Babylone, à l'ombre de la tour
à sept étages de Bel.

Comme les nouveaux époux se promenaient dans les jardins suspendus,
orgueil du palais, Cambyse dit à la princesse :

— Ne regrettes-tu jamais la demeure de ton père, le noble Amasis?

La princesse quitta le côté du Roi et, plantant son regard dans le
sien, elle répliqua, la voix dure :

— Je vois, ô Roi, que tu ne soupçonnes pas combien tu as été trompé
par Amasis; il m'a prise et, me couvrant de parures, m'a envoyée à toi
comme étant sa propre fille. De vrai, je suis Nitetis, l'enfant d'Apriès,
qui était le seigneur et maître d'Amasis jusqu'au jour où celui-ci se
révolta et, de concert avec les Égyptiens, le mit à mort.

Quelques semaines plus tard l'armée des Perses se mettait en marche
contre l'Égypte.

Lorsque Cambyse arriva devant Péluse, il apprit qu'Amasis avait
trépassé et que son fils Psammétique III lui avait succédé. Les troupes
égyptiennes furent battues et Cambyse s'empara du royaume.

Le roi des Perses, ayant soumis l'Égypte, se proclama Pharaon. Il
savait qu'il y avait au Sud un royaume où l'or était si abondant qu'on
l'employait aux usages les plus vils, même à forger les chaînes des prison-
niers. Ce pays était l'Éthiopie.

Nekhabit, déesse du Sud, coiffée du haut bonnet ou couronne blanche, et Ouazit, déesse du Nord (Haute et Basse-Egypte) coiffée du casque ou couronne rouge, imposent au nouveau roi ces deux couronnes qui font de lui le souverain de la Terre-Entière. Cette double couronne se nomme communément le « pschent ».

Cambyse envoya une grande armée contre Napata, sa capitale. L'armée n'arriva jamais à destination; elle périt dans le désert et ses survivants furent massacrés par les Éthiopiens.

Après ce désastre, le Roi revint à Memphis où il trouva le peuple en liesse. On célébrait donc sa défaite! Il entra dans une colère folle; on le vit se rouler par terre, écumer de rage; puis il fit envoyer au supplice les prêtres et les magistrats de la ville, sans vouloir écouter leurs explications. Rentré au palais, il se remettait lentement de son accès de frénésie, quand on amena devant lui un jeune prêtre tremblant que l'on avait découvert dans le souterrain d'un temple. Celui-là, Cambyse daigna l'apostropher.

— C'est ainsi que ce vil peuple se réjouit de mon échec! Il s'en repentira et toi-même, sur l'heure, je veux que tu sois empalé.

La carcasse d'un char de guerre. Deux chevaux en composaient l'attelage; deux hommes le montaient, le cocher qui guidait les chevaux et tenait le bouclier et le guerrier qui combattait. Le char était si léger qu'un seul homme pouvait le porter sur ses épaules.

Infanterie égyptienne (petites statuettes en bois peint). A gauche, on voit la grosse infanterie; elle porte un large bouclier de cuir et est armée de la pique. A droite, l'infanterie légère n'a que son arc et ses flèches; parfois l'arc est remplacé par le « boumerang », morceau de bois recourbé qui, lancé d'une certaine façon, va frapper l'ennemi et revient dans la main de celui qui l'a jeté. Les fantassins n'ont ni casque ni cuirasse, réservés au roi et aux princes. Les simples soldats ne sont vêtus que d'un tablier de cuir.

(Cliché Archives Photographiques - Paris)

— O maître magnanime, gémit le malheureux, nul ne songe à se divertir de tes malheurs. Durant ton absence, l'Apis régnant est mort, les prêtres ont reconnu son successeur aux signes divins inscrits sur son corps et c'est l'intronisation du dieu que l'on célébrait.

Cambyse voulut voir le taureau sacré. On le lui amena. Pourquoi la vue de cet animal inoffensif réveilla-t-elle sa fureur? On ne saurait le dire. Quoi qu'il en soit, le Roi tira son épée et frappa l'Apis au ventre. Le taureau, malgré tous les soins prodigués, mourut quelques jours plus tard.

Désormais les accès de rage devinrent plus fréquents chez le monarque. Il tua, au cours d'un festin, sa propre sœur; il abattit d'une flèche le fils de son seul ami Prexospès; il fit enterrer vifs douze de ses courtisans.

C'est alors que la nouvelle lui arriva qu'à Babylone Bardiya, son frère, soulevait les Perses contre lui.

Bardiya ! Il était certain pourtant de l'avoir mis à mort.

Cambyse quitta les bords du Nil, laissant des satrapes pour gouverner le pays. Sur le chemin de retour, la maladie accabla le Roi. Il souffrait d'intolérables douleurs. Le siège de ces douleurs correspondait au point précis où il avait frappé le taureau sacré.

Au bout de quelques jours d'atroce agonie, Cambyse expira.

L'Apis était vengé !

Le majordome du temple d'Amon présentant le « naos » d'un dieu. Ce majordome, qui gérait le temporel du temple, n'avait de comptes à rendre qu'aux prêtres et si sa gestion était trouvée fautive, c'était le dieu lui-même qui avait à le juger par le truchement de son premier prophète.

(Majordome du Temple d'Amon
Cliché Archives Photographiques - Paris)

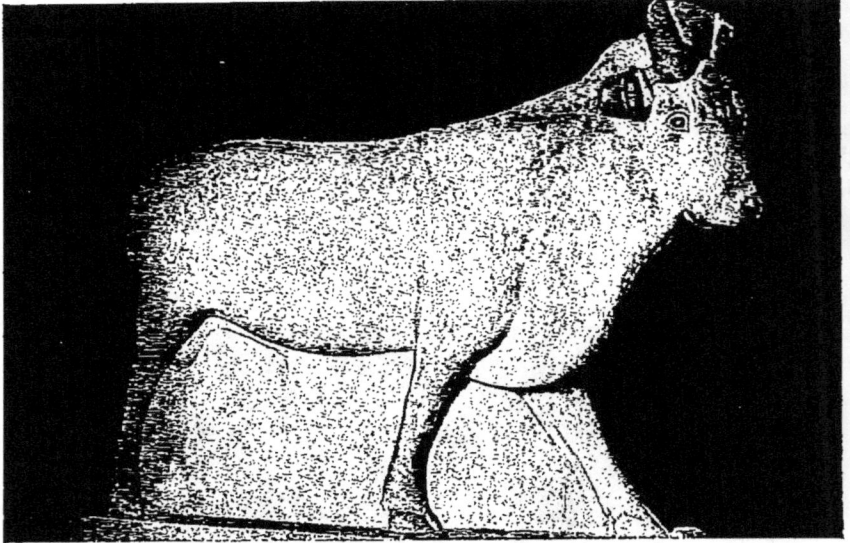

Le taureau Apis, incarnation d'Osiris et de Phtah, devait être noir, porter au front une tache blanche triangulaire, sur le dos la figure d'un vautour aux ailes éployées, sur la langue l'image d'un scarabée; les poils de sa queue étaient doubles. (Ces signes n'existaient bien entendu que dans l'imagination des fidèles et dans les affirmations des prêtres). Il vivait à Memphis dans une chapelle attenant au temple de Phtah. On lui rendait des hommages divins et chaque année, on célébrait des fêtes en son honneur. Par contre, s'il atteignait l'âge de 25 ans, on le noyait dans une fontaine consacrée au Soleil. Après quoi il était embaumé et devenait Osiris.

CHAPITRE X

LES DERNIERS PHARAONS

PENDANT plus de cent ans, les Perses régnèrent sur l'Égypte devenue une simple satrapie. Puis le pouvoir des envahisseurs s'affaiblit et, si l'on peut dire, s'effilocha.

Vers l'an 400 avant notre ère, un Pharaon s'éleva à nouveau sur la terre du Nil et ce Pharaon fonda la vingt-huitième dynastie, à laquelle succédèrent une vingt-neuvième puis une trentième, la dernière dynastie nationale qui occupa le trône de Râ, d'Osiris, de Menès et de Sésostris.

Encore une fois, ces rois pansèrent les blessures faites par les étrangers. Ils ont laissé inscrites dans la pierre les traces de leur court passage sur le trône. Nephoritès et Hakoris s'attachèrent aux temples de Karnak; Nectanébo I restaura le sanctuaire de Nekhabit à El-Kab, celui d'Horus à Edfou où il édifia son tombeau de brèche verte. C'est à Nectanébo II que l'on doit le petit temple de Philæ, qui subsiste encore.

Par malheur, ces princes, qui se débattaient au milieu de terribles difficultés intérieures, nées des disputes entre les grands seigneurs égyptiens, côtoyaient à l'étranger les pires dangers.

L'empire des Perses était à son apogée sous Artaxerxès II. A tout instant, celui que l'on appelait le Grand Roi pouvait céder au caprice de reconquérir l'Égypte, dont il n'avait jamais officiellement proclamé l'indépendance. Pharaon connaissait trop bien sa faiblesse et la piètre résistance que pourraient offrir son royaume en état d'anarchie chronique, ses troupes mal commandées et mal entraînées, à la masse énorme des Perses, pour oser une provocation directe.

Afin d'affaiblir ou plus exactement d'occuper la puissance d'Artaxerxès, les rois d'Égypte, de concert avec les petits états grecs, organisaient, provoquaient ou finançaient des soulèvements dans le colossal empire.

Alors que Nectanébo II ré-

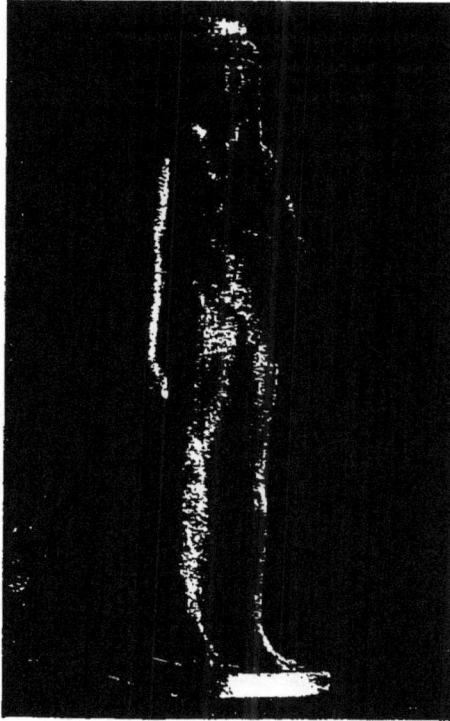

Ameniritis régna personnellement à Thèbes (XXVᵉ dynastie, 712 à 663 av. J.-C.). Elle encouragea les arts. Son époque fut celle de l'élégance des formes, de la finesse, de la pureté de la ligne, ainsi que l'on peut s'en convaincre par la statue de cette reine conservée au Musée du Caire.

(Cliché Archives Photographiques - Paris)

8

Psammétique (XXVIᵉ dynastie 663-525 av.
J.-C.), qui vérifia l'oracle de Phtah disant
que celui qui régnerait sur les deux Égyptes
aurait fait les libations rituelles dans une coupe
d'airain et aurait commandé à des hommes d'airain
sortis de la mer. Ayant bu dans son casque et
s'étant allié aux Grecs armés de cuirasses, il
chassa les Assyriens.

(Psammétique - Cliché Archives Photographiques
Paris)

gnait déjà depuis quelques années sur la Haute et la Basse Égypte, Artaxerxès II vint à mourir, laissant le diadème à son fils Artaxerxès III Ochos.

Jamais tyran plus cruel et plus farouche n'occupa un trône asiatique, où pourtant s'étaient assis bien des monstres sanguinaires. Ni les rois assyriens qui se divertissaient à crever de leur main les yeux des captifs, ni Cambyse qui tuait sans nécessité dans ses crises de fureur épileptique, ni Artaxerxès II qui faisait périr par froide politique quiconque le gênait, n'égalèrent le roi Ochos.

Aussitôt sur le trône, le nouveau monarque décida d'asservir l'Égypte pour mettre fin à ses intrigues, pour compléter son empire à l'Ouest et pour ôter un soutien aux Grecs, ses mortels ennemis. Une armée de deux cent cinquante mille hommes, appuyée par une flotte, partit en plusieurs colonnes dans la direction de l'isthme. Ochos lui-même, avant de se mettre en route, jugea utile de prendre une ultime précaution : il fit égorger tous les princes de la famille royale. Ainsi, l'esprit en repos et le cœur léger, il alla prendre la tête de ses troupes.

Nectanébo résista bravement derrière les fortifications dont lui et ses prédécesseurs avaient doté l'isthme; cependant, bientôt, le désaccord se mit parmi ses généraux; quelques-uns, gagnés par des présents ou démoralisés par la peur des tortures qui les attendaient en cas de défaite, passèrent à l'ennemi. Pharaon, désespéré, voyant la victoire impossible, s'enfuit avec sa famille, quelques fidèles et son trésor, en Éthiopie où il fut reçu avec honneur.

La lignée des rois qui, à travers trente dynasties, depuis Menès, successeur de Râ et d'Osiris, gouvernèrent la vallée du Nil, disparaissait avec lui.

Cependant Ochos s'était installé à Memphis et, là, il offrit à ses amis un banquet mémorable: le plat de résistance fut le taureau Apis mis à la broche par les cuisiniers perses et le repas fut égayé par la vue des supplices les plus raffinés infligés aux prêtres et aux dignitaires.

Ce beau lion à face humaine est l'un des 141 sphinx qui bordaient l'avenue d'accès du Sérapeum, non pas celui d'Alexandrie, mais la nécropole souterraine sise dans le voisinage de l'ancienne Memphis où l'on conservait les momies des taureaux Apis. La découverte en fut faite par le savant égyptologue français Mariette (1821 à 1881).

(Sphinx du Sérapeum - Calcaire - Cliché Archives Photographiques - Paris)

En aval de Philae, face à Assouan, cité de 12.000 habitants, l'île Eléphantine émerge des eaux du Nil. On y voit les ruines de l'ancienne ville et des restes de temples, évoquant les pharaons des XVIIIe et XXe dynasties et aussi les Ptolémées et les empereurs romains. Un nilomètre, dont parle déjà Strabon, indique les différents niveaux que peut atteindre le fleuve; c'est une sorte de puits gradué en coudées grecques, que l'on utilise encore. Sur la rive, des vestiges d'une écluse ou d'une tête de pont sont désignés sans raison sous le nom de « Bains de Cléopâtre ».

(Bains de Cléopâtre et Ile Eléphantine - Cliché Lehnert et Landrock)

A la place de l'Apis mangé, Ochos intrônisa un âne — animal méprisé — dans le temple de Phtah.

Il consacra plusieurs mois au pillage des palais et des temples, au sac des bibliothèques, aux massacres, aux destructions de villes dont les murs furent rasés jusqu'au sol.

Ces agréables travaux exécutés, Artaxerxès III Ochos repartit pour Suse, sa capitale, emportant comme butin toute la richesse de la plus riche des nations.

L'Égypte ne secoua plus le joug des Perses, mais elle ne le subit pas longtemps. Dix ans plus tard, Darius III se trouva menacé par Alexandre le Grand, fils de Philippe, roi de Macédoine. Alexandre le battit au

Granique, le défit à Issus, le mit en déroute près d'Arbèles (1); Darius fut tué dans sa fuite par un de ses satrapes.

Ainsi s'écroula un des plus grands empires du monde qui, pendant deux siècles, avait fait trembler l'Orient. L'Égypte, avec le reste de l'héritage de Darius, passa entre les mains de l'immortel Macédonien.

(1) 330 av. J.-C.

Le prince et pacha Nekhthorheb, investi d'une des plus hautes fonctions religieuse, militaire et administrative sous le règne de Nektanébo I (378-361 av. J.-C.) de la XXXᵉ dynastie. Cette belle statue de grès, d'une grande vérité d'expression, et d'une élégante facture, le représente à genoux dans l'attitude de la prière.

(Nekhthorheb - Musée du Louvre - Cliché Alinari)

Vue générale de l'île de Philae non inondée, où l'on distingue les différents temples qui sont les plus beaux restes de la civilisation gréco-égyptienne de l'époque ptolémaïque, avec des adjonctions des empereurs romains, considérés comme successeurs des pharaons. Isis était la déesse locale de l'île.

(Philae - Vue d'ensemble - Cliché Archives Photographiques - Paris)

CHAPITRE XI

LE GRAND DRAME D'ALEXANDRIE

L E monde vient d'être le théâtre d'un événement formidable. Les deux maîtres qui s'en partageaient l'empire, César et Pompée, se sont affrontés dans les plaines de Pharsale, et Pompée a succombé. Celui qui fut Pompée le Grand a fui pour ne pas tomber entre les mains du vainqueur. Parvenu sur les bords de la mer Egée, il a frété une galère; il est allé rejoindre sa femme Cornélia et son plus jeune fils à Mytilène; il les a embarqués avec lui et ils sont partis à la recherche d'un asile. Partout on les a repoussés. Qui donc voudrait accorder un refuge à l'ennemi de César, le maître unique de demain?

Pompée alors s'est souvenu qu'il avait sur les bords du Nil un ami, un obligé, un prince qu'il a protégé au temps de sa puissance, dont il a sauvegardé l'héritage : c'est Ptolémée XIV, roi d'Égypte.

Ptolémée a treize ans; il est en guerre avec sa sœur Cléopâtre, de cinq ans son aînée. Tous deux ont quitté Alexandrie, leur capitale, pour se rendre au milieu de leurs troupes. Les deux armées sont aux environs de Péluse — à peu près là où s'élève de nos jours Port-Saïd — et sur le point d'en venir aux mains. Le commandement des troupes de Ptolémée est effectivement exercé par l'eunuque Pothin, premier ministre, Achillas, général de métier, et Théodote de Chios, maître de rhétorique.

Un courrier arrive dans le camp du jeune monarque, camp dressé non loin de la mer.

— Pompée t'envoie son salut, dit le messager au Roi; il vient te demander asile dans tes États.

Ce n'est pas Ptolémée qui, à lui seul, peut prendre la décision d'accueillir ou de repousser l'illustre fugitif. Dans la somptueuse tente royale, véritable palais de toile, de laine, de pourpre et de soie, se réunit un conseil de guerre : Pothin, Achillas et Théodote en sont les principaux personnages.

On discute; les uns proposent de faire cause commune avec le vaincu de Pharsale, qui possède encore des troupes et qui peut rétablir son pouvoir; les autres sont d'avis de le prier de chercher un autre abri. Mais ne serait-ce pas l'amener à se joindre à Cléopâtre? Alors Théodote se lève :

— Ne devrions-nous pas plutôt, dit-il en son langage fleuri de rhétoricien, profiter de l'occasion qui s'offre pour nous insinuer dans les bonnes grâces de César vainqueur, en écartant de son chemin un vaincu demeuré redoutable?

Il développe son plan qui consiste simplement à mettre à mort le fugitif.

— Au moins, conclut-il en souriant, de cette façon, nous ne risquons pas de faire une chose nuisible : un homme mort ne peut pas tromper.

Un si judicieux avis est unanimement goûté, et Achillas est chargé d'exécuter le beau projet.

Septimius, un Romain qui jadis a servi sous Pompée, et le centurion Salvius, autre soldat romain, montent dans une barque avec Achillas

Neshorou, dignitaire du roi Apriès de la XXVIᵉ dynastie, est représenté faisant l'offrande d'une stèle. Cette statue, d'un très beau travail, marque un retour sensible vers les périodes classiques de l'art égyptien.

(Musée du Louvre - Cliché Alinari)

lui-même. Accompagnés de serviteurs et de rameurs égyptiens, ils se dirigent vers la galère de Pompée.

Arrivés le long du flanc du navire, Septimius se lève :

— Salut à toi, Pompée, impérator, crie-t-il, la face tournée vers son ancien général qui se tient à la proue de sa galère.

Achillas prend la parole :

— Je suis chargé, seigneur, par le roi Ptolémée, mon maître, de te recevoir dans cette embarcation et de te conduire auprès de lui. Il a hâte d'embrasser son illustre ami et protecteur. Il avisera avec toi de l'endroit où devra aborder ton vaisseau.

Pompée a un soupçon ; Cornélia auprès de lui pleure ; cependant des galères égyptiennes croisent du côté de la haute mer. Il n'est plus temps de reculer : mieux vaut donc s'en remettre aux émissaires du Roi. Le vaincu de Pharsale

Ce chien-loup, de grandeur naturelle, en pierre calcaire, est un chef-d'œuvre de la sculpture animalière. Il semble monter la garde et on pourrait le croire, oreilles dressées, corps ramassé sur ses pattes puissantes, prêt à bondir. Cette statue, au dire du savant M. Charles Boreux, provient de l'un des cimetières de chiens d'Assiout où il se trouvait probablement, vu son parfait état de conservation, dans l'intérieur d'une chapelle funéraire. Il est difficile d'en préciser l'époque.

(Cliché Archives Photographiques - Paris)

embrasse sa femme et descend dans la barque. Celle-ci s'éloigne aussitôt et se dirige vers le rivage.

Le silence, un silence lourd et menaçant, règne dans la petite embarcation. Pour le rompre, Pompée demande à Septimius :

— N'avons-nous pas été frères d'armes ?

Le soldat acquiesce d'un signe de tête, et, à nouveau, plane le silence. Le général, afin de se donner une contenance, se met à lire dans un petit

livre qu'il a emporté avec lui. On atteint le rivage : un rivage bas, désolé, incolore, désert. La quille de la barque racle le sable boueux. Le rival de César, pour sauter à terre, s'appuie sur le bras d'un esclave égyptien. A cet instant, Septimius qui est derrière lui le frappe de son glaive. Achillas et Salvius lui enfoncent leurs poignards dans les flancs.

Sans proférer une parole, Pompée le Grand s'affaisse dans le fond de la barque.

Salvius lui coupe la tête et la remet à Achillas, qui a déjà retiré l'anneau que portait le cadavre. On laisse aux esclaves les dépouilles du mort, que l'on jette nu à la mer.

Du haut de la galère où elle est restée, Cornélia a suivi l'horrible scène; elle pousse une clameur si forte qu'on l'a entendue du rivage. Elle

L'île sainte de Philae émerge ici encore des eaux. Hélas ! il est à craindre que l'on ne voie plus ce spectacle, le barrage construit par les Anglais condamnant l'île à une submersion constante, qui finira par avoir raison des temples vingt-cinq fois centenaires.

(Cliché Lehnert et Landrock)

s'évanouit. Le capitaine du navire fait lever l'ancre et cingle vers la haute mer en évitant habilement la croisière égyptienne (1).

Le 2 octobre, à son tour, César arrivait aux bouches du Nil, tout près d'Alexandrie. Il n'avait avec lui que quelques galères portant des légionnaires, sa garde personnelle.

Avant d'ordonner le débarquement, le dictateur résolut d'aller en personne reconnaître les lieux. Il se fit transporter sur la plage déserte. Tandis qu'il se livrait à une minutieuse inspection du terrain, plusieurs cavaliers arrivèrent au galop. Parmi eux était Théodote, le rhéteur.

— Seigneur, dit l'infâme personnage, je t'apporte de la part du Roi, mon maître, un présent qui t'agréera.

À ces mots, il tira de sous son manteau la tête de Pompée et il tendit

Un obélisque est un monolithe sur lequel le pharaon inscrivait les fastes de son règne. Ici, près d'Assouan, les tailleurs de pierre se sont dispersés avant d'avoir achevé leur œuvre; l'immense bloc, long de 28 mètres, taillé à même le roc, n'a pas été soulevé. On s'imagine quel travail il restait encore à exécuter. Afin de dégager ces blocs, on enfonçait dans des trous, suivant des lignes tracées d'avance, des coins de bois que l'on mouillait et qui, en gonflant, faisaient éclater le granit.

(Assouan - Obélisque non achevé - Cliché Lehnert et Landrock)

(1) 28 septembre 48 av. J.-C.

à César ce pitoyable trophée accompagné de la bague du mort.

A la profonde stupeur de Théodote, le général romain détourna les yeux et des larmes coulèrent sur ses joues. Il chassa le rhéteur, tuteur du jeune Roi, comme le plus vil des esclaves.

Lorsque d'autres galères, portant environ trois mille légionnaires, eurent pris leur mouillage aux côtés des premières venues, le dictateur ordonna le débarquement. Les troupes furent mises en colonnes.

Précédés des licteurs portant les faisceaux et les haches, enseignes hautes, trompettes sonnantes, les soldats romains pénétrèrent dans Alexandrie.

Aucune cité et même pas Rome, la capitale du monde, ne surpassait ou même n'égalait en magnificence celle qu'avait fondée Alexandre le

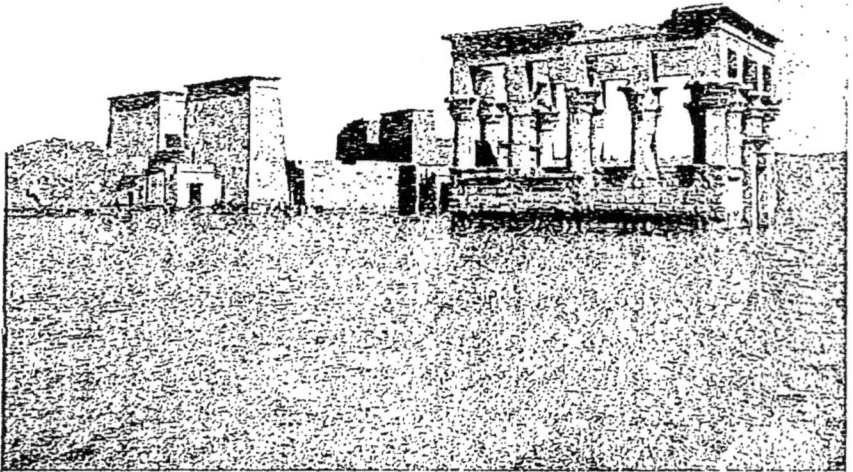

L'île de Philae (submergée), située au milieu du Nil avant la première cataracte, porte des temples dont le plus ancien connu remonte à Amasis, Pharaon usurpateur de la XXVI⁰ dynastie. Les belles ruines que l'on voit ici sont de l'époque ptolémaïque. Si ces constructions sont relativement récentes — pour l'Egypte — ces temples furent ceux où le culte égyptien survécut le plus longtemps. On y adorait encore Isis en 565 de notre ère.

(Philae - Temple d'Isis - Cliché Lehnert et Landrock)

Grand. Que l'on se représente une ville où trois cent mille personnes vivaient à l'aise; une ville où le marbre était aussi commun que la brique; une ville où les beaux édifices: palais officiels ou particuliers, temples, restaurants, lieux de plaisir, présentaient des façades où se déployait tout le goût des architectes et des sculpteurs grecs et égyptiens associés.

César fit son entrée par la porte de Canope et s'engagea dans cette merveilleuse rue de Canope, large de trente mètres et longue de cinq kilomètres, bordée des deux côtés de majestueuses colonnades.

A sa gauche, sur une hauteur, derrière le quartier égyptien et commerçant de Rhâkotis, il apercevait l'altier Sérapeum (1), le temple de Sérapis, égal en grandeur au Capitole romain. Il voyait plus près de lui le Panéum, temple de Pan, et le Gymnase, au mi-

Ce fragment de mur se trouve dans le temple de Kôm-Ombo, édifié par deux rois de la dynastie des Ptolémées : Evergète II et Néos Dionysos. Le bas-relief représente le Pharaon entouré des divinités de la Haute et de la Basse-Egypte. L'influence hellénique se fait nettement sentir dans l'exécution des sculptures et des encadrements.

(Temple de Kôm-Ombo - Cliché Lehnert et Landrock)

(1) Détruit en 388 par Théophile, patriarche d'Alexandrie.

lieu de ses verdoyants jardins. Le dictateur avait-il vraiment le loisir de contempler ces splendeurs? L'accueil qu'il recevait des Alexandrins était loin d'être celui qu'il attendait. La tourbe cosmopolite qui peuplait la capitale égyptienne avait d'abord considéré le défilé des troupes romaines avec un muet effroi; lorsqu'elle s'était aperçue de leur petit nombre, elle avait pris de l'audace. Grecs, Romains proscrits ou déserteurs, Asiatiques, nègres ou métis, voyaient dans l'envahisseur un gêneur et ils lui criaient :

— Retourne chez toi !

— Tu insultes la majesté de nos rois !

Ils lancèrent des injures, quelques pierres volèrent.

César dut éprouver un soulagement en arrivant au palais, quand les lourdes portes se furent refermées sur lui et sur ses soldats.

Le palais d'Alexandrie, le palais de Lochias — du nom du promontoire sur lequel se dressait le pavillon du Roi — devrait plus exactement être qualifié de cité royale. Entre ses épaisses et redoutables murailles de brique, capables de soutenir un long siège, se trouvaient non seulement la résidence du monarque, merveilleux édifice de marbre et de porphyre, mais encore des bâtiments pour les ministres et leurs services, des temples, le Musée, vaste construction contenant de rares et précieuses collections, la Bibliothèque, riche de plus de sept cent mille volumes (1), des jardins, et enfin l'enceinte funèbre : la Soma, où

Sur un mur du temple de Dendérah, dont les douze cryptes ont été décorées au temps de la domination ptolémaïque, sont des bas-reliefs admirablement conservés. Celui-ci représente Ptolémée XIII avec les attributs de Pharaon faisant une offrande à Isis et à Horus.

(Dendérah - Cliché Lehnert et Landrock)

---

(1) Détruite par Amrou, le conquérant musulman.

Il est bien petit cet Arabe, monté sur sa mule au pied du portique que dressèrent les Pto-
lémées au devant du temple dédié à Khonsou, le dieu lunaire de la « triade » thébaine, par
Ramsès III. La dynastie grecque voulait que son nom figurât dans la cité sacrée de Karnak à
côté de ceux de ses prédécesseurs nationaux. Il est facile de reconnaître l'inspiration hellénique
soumise à l'inflexible tradition de l'architecture et de la décoration égyptiennes.
(Karnak — Portique de Ptolémée - Cliché Lehnert et Landrock)

les tombes des Ptolémées entouraient le célèbre mausolée où Alexandre
le Grand dormait de son dernier sommeil dans un sarcophage d'albâtre.

Détail important : le palais donnait directement sur le port et, ainsi,
celui qui l'occupait n'avait pas à redouter d'être enfermé par des assié-
geants à terre. De larges marches de marbre descendaient de Lochias
jusque dans les flots bleus de la mer, à un endroit assez profond pour
que les plus grandes galères pussent accoster.

En face de Lochias, dans l'île de Pharos, réunie à la terre ferme par
une digue, l'Heptastadium, s'élevait une tour haute de quatre cents
aunes (1), en marbre, et qui comptait parmi les merveilles du
monde : le Phare. A son sommet, brûlait toutes les nuits un feu visible
pour les navigateurs jusqu'à cinquante-cinq kilomètres en mer.

(1) 180 mètres.

C'était Alexandre le Grand lui-même qui avait fondé cette ville d'Alexandrie, dont il voulait faire la capitale commerciale du monde oriental. Il en avait désigné l'emplacement; puis, avec de la farine, avait dessiné son enceinte. Tandis qu'il allait conquérir l'Asie, des sculpteurs et des architectes travaillaient à la nouvelle cité.

Quand le conquérant fut mort à l'âge de trente-trois ans, l'Égypte passa aux mains de Ptolémée Soter, fils de Lagos. Pendant deux siècles et demi, jusqu'à Cléopâtre, la dynastie des Ptolémées régna sur l'Empire du Nil.

Les Ptolémées ne s'étaient en rien assimilés aux Égyptiens; ils restaient des étrangers; pourtant ils protégeaient la religion nationale, en se contentant de placer les divinités grecques à côté des divinités égyptiennes. Au point de vue architectural et artistique, les Ptolémées créèrent un style nouveau qui est un mélange de l'art grec et de l'art indigène. Il ne manque

Sur un petit monticule qui domine un cimetière turc, à Alexandrie, se dresse, sous la garde d'un sphinx, cette colonne en granit rouge d'Assouan, surmontée d'un chapiteau corinthien; on l'appelle la colonne de Pompée, parce que l'on croyait au Moyen-Age qu'elle marquait la tombe de l'illustre Romain. En réalité, elle fut élevée en l'honneur de l'empereur Dioclétien. A quelques minutes de cette colonne s'ouvre l'entrée des souterrains, seuls vestiges du Sérapeum d'Alexandrie.

(Alexandrie - Colonne de Pompée - Cliché Lehnert et Landrock)

pas, du Delta à la première cataracte, de monuments de l'époque ptolémaïque. Citons le temple d'Isis à Philae, le temple d'Hector à Dendérah, celui d'Horus à Edfou.

Les Égyptiens avaient reporté sur les usurpateurs la quasi-adoration, du moins verbale, dont ils entouraient les Pharaons légitimes. Les Ptolémées étaient toujours « fils de Râ », « images d'Amon », « élus de Phtah », et ils arboraient pour les cérémonies publiques la double couronne, la blanche et la rouge, de la Haute et de la Basse Égypte, et le serpent royal.

Si les Ptolémées furent d'assez bons souverains, leur vie privée est le plus extraordinaire tissu de crimes que l'Histoire ait enregistrés. Voici quelques exemples édifiants (1) : Ptolémée III fut égorgé

Pompée, le rival de César, après la défaite de Pharsale, vint se réfugier sur la rive égyptienne sollicitant la protection du jeune Ptolémée XIV, frère de Cléopâtre... Les conseillers du Pharaon le mirent à mort. Lorsque César débarqua à son tour, les assassins voulurent se concilier ses bonnes grâces en lui envoyant la tête du vaincu, mais le vainqueur se détourna avec horreur et fit donner aux restes de son ennemi une sépulture honorable.

(Rome - Musée du Capitole - Cliché Alinari)

par son fils, lequel occit son frère, son oncle, sa mère et sa femme. Ptolémée V massacrait largement et ne s'en tenait pas au cercle de la famille. Ptolémée VIII tua son neveu, l'héritier du trône, puis épousa la mère de cet enfant; comme il lui naquit un fils de ce mariage, il le tua également. Cléopâtre III essaya de tuer son fils Ptolémée XI, mais elle prit mal ses précautions, de sorte que ce fut lui qui l'assassina;

(1) Nous empruntons ces détails à M. Arthur Weigall.

Ptolémée XII avait épousé sa belle-mère, ce qui ne l'empêcha pas de la mettre à mort. Le père de Cléopâtre avait tué Bérénice, une de ses filles. D'ailleurs, ce penchant à l'assassinat n'était pas la seule originalité de ces monarques. Ptolémée XI avait tellement abusé de la table qu'il ne pouvait marcher qu'à l'aide de béquilles; il lui fallait être complètement ivre pour retrouver l'usage de ses jambes; alors, il gambadait à travers les salles du palais. Ptolémée XIII considérait la sobriété comme le vice le plus affreux et il obligea, sous menace de mort, le philosophe Démétrius à se griser.

Dans ce palais, témoin de tant de crimes et de scènes si étranges, habité par une multitude d'esclaves, de serviteurs, d'employés, de fonctionnaires, César s'installa, en déclarant qu'il allait régler les affaires d'Égypte.

Tout comme s'il avait été chez lui, il invita les deux héritiers du trône, Ptolémée et Cléopâtre, le frère et la sœur ennemis, à venir le rejoindre. Ptolémée, flanqué de son ministre Pothin, répondit sur-le-champ à cette convocation. On n'eut point de nouvelles de Cléopâtre.

La jeune reine de dix-huit ans ne faisait pourtant pas fi de l'invitation

Cléopâtre, dernière souveraine régnante de la dynastie des Ptolémées issus de Lagos, compagnon d'Alexandre le Grand. Elle est représentée ici avec les attributs du Soleil et sous l'aspect conventionnel réservé aux souverains divinisés.

(Cliché Bonfils)

du général romain.

— Si je ne me rends pas à Alexandrie, disait-elle en grande confidence à Apollodore de Sicile, son conseiller, son fidèle serviteur, son prudent mentor, César négligera mes droits et il donnera tout son appui à mon frère Ptolémée. Celui-ci, seul sur le trône, s'empressera de me faire mettre à mort.

— C'est à craindre, répliqua Apollodore.

— D'autre part, si je vais ouvertement au palais où Ptolémée et Pothin ont des serviteurs dévoués, on me tuera avant que je n'aie pu parler à César et me mettre sous sa

La reine Cléopâtre, vue, non plus par un artiste égyptien mais par un sculpteur grec, et telle qu'elle était sans doute dans la réalité, débarrassée de ses attributs divins... et politiques.
(Londres - British Museum - Cliché Donald Macbeth)

protection. Peut-être même n'apprendra-t-il jamais ma démarche !

— On peut redouter ceci également, ô maîtresse !

La jeune princesse alors donna ses ordres, et, une nuit, elle quitta son camp, accompagnée du seul Apollodore. Tous les deux montèrent dans une barque et silencieusement, évitant de se montrer sous le feu du Phare, ils vinrent se ranger contre les degrés de marbre du palais.

— Que ferons-nous maintenant, maîtresse? demanda le serviteur de la petite Reine.

— Nous allons attendre le jour. Dès qu'il paraîtra, tu prendras ce paquet de tapis, tu en chargeras tes épaules et tu descendras à terre. Tu te dirigeras avec ton faix jusqu'au pavillon royal. Aux sentinelles romaines, tu diras que tu viens de la part de ton maître apporter un présent à César. Tu pénétreras jusqu'à lui et tu déposeras ton fardeau à ses pieds.

— Et ensuite?

— Ensuite tu détacheras les tapis. J'ai oublié de te dire que, parmi eux, je serai dissimulée.

Et tout se déroula comme l'avait décidé Cléopâtre. Les soldats ne firent pas de difficultés pour laisser entrer auprès du général l'homme chargé de lui remettre un présent. Quand il fut seul devant César, Apollodore rompit les liens qui enserraient les tapis, et Cléopâtre parut aux yeux du Romain amusé.

Comment était cette princesse? Des monnaies, des bas-reliefs, un buste conservé par le British Museum, nous donnent d'elle une idée imparfaite. Elle devait avoir le type grec, avec de grands yeux d'Orientale, une bouche joliment dessinée, un nez très légèrement busqué, des cheveux noirs et soyeux. Peut-être était-elle au contraire très blanche et très blonde, comme le sont beaucoup de Macédoniennes? En tout cas, il émanait d'elle un grand charme, car

Jules César, général romain, dictateur, qui s'étant emparé d'Alexandrie régna pendant près d'un an sur l'Égypte (47 av. J.-C.), conjointement avec la reine Cléopâtre qu'il avait épousée et dont il eut un fils, Césarion ou Ptolémée XVI, dernier rejeton de la race des Lagides, la dynastie grecque qui occupait le trône depuis l'an 332 av. J.-C.

(Rome - Musée du Vatican - Cliché Alinari)

César en fut touché. Après cette première entrevue, le dictateur était gagné à sa cause. Il l'était si bien et le fait était si visible que Pothin, dépité, résolut de se débarrasser de lui. Un complot fut ourdi. Un coiffeur le dénonça, et la tête du ministre de Ptolémée s'en fut orner une des portes de Lochias.

Des émeutes éclatèrent en ville, les troupes de Ptolémée menacèrent de marcher sur le palais; Lochias fut même attaqué du côté du port. César, assiégé dans le palais, ne communiquant avec le monde que par mer, ne semblait pas s'en soucier.

Bientôt les Égyptiens apprirent que des galères amenaient des légionnaires en renfort et que l'armée de Syrie, grossie d'auxiliaires arabes et juifs, s'avançait sur la frontière orientale du royaume.

Marc-Antoine, lieutenant de César, et, après l'assassinat de celui-ci, triumvir avec Octave et Lépide, puis rival d'Octave. Il se laissa séduire par la grâce de Cléopâtre, dont il devint le deuxième époux. Amolli dans les plaisirs et le luxe effréné d'Alexandrie, il ne sut pas opposer à temps une résistance sérieuse à Octave et fut battu à Actium. Réfugié dans Alexandrie, il se donna la mort à l'approche du vainqueur.

(Rome - Musée du Vatican - Cliché Anderson)

C'est à ce moment que César invita Ptolémée à quitter Alexandrie et à aller rejoindre ses troupes.

— Tu les apaiseras; tu leur feras ressortir la puissance des armées de ta sœur jointes à celles de Rome; tu leur diras que je ne suis venu que pour faire respecter le testament de ton divin père, le roi Ptolémée Aulète, et t'asseoir paisiblement sur le trône d'Égypte à côté de ta sœur Cléopâtre. Tu leur diras...

Au milieu d'une escorte brillante de cavaliers caracolant sur des

montures richement harnachées, parmi les armes étincelantes, les plu-
mets, les manteaux de couleurs vives, les cuirasses incrustées de gemmes,
Ptolémée sortit du palais — de son palais — salué par les sentinelles
romaines, par la sonnerie des trompettes romaines, par les enseignes
romaines qui s'inclinaient sur son passage. Lui, portait un corselet d'or,
et sur le cimier d'or de son casque brillait le serpent d'Horus, le dieu du
Delta. Il semblait triste : il ne répondait pas aux acclamations qui s'élevaient pour lui, ni aux bénédictions qui saluaient son nom, et il regardait
le palais qu'il quittait — son palais — comme s'il le voyait pour la

dernière fois. Lorsqu'il fut
revenu parmi ses soldats
campés aux bords du Nil,
obéit-il aux ordres de
César? Prêcha-t-il la paix
à ses partisans? Qui le dira
jamais?

Le dictateur romain
avait, pendant ce temps,
quitté, lui aussi, Lochias,
où il laissait Cléopâtre;
il était parti par mer,
emmenant la majeure por-
tion de ses troupes, et il
avait fait sa jonction avec
son armée de Syrie.

Et voilà pourquoi on
ignora toujours si Ptolé-
mée avait prêché la paix :
les légionnaires de César,
les Arméniens de Mithri-
date, les Juifs d'Antipater
— le père d'Hérode — les
Arabes d'Iamblichus, tom-
bèrent sur l'armée d'Égy-
pte. Bravement, Ptolémée
prit le commandement de
ses troupes...

Le combat dura deux

*Octave, neveu et héritier de Jules César, élevé à la
dignité impériale sous le nom d'Auguste. En l'an 31
av. J.-C., Octave, poursuivant Antoine qu'il avait
battu à Actium, s'empara d'Alexandrie. Antoine
se passa son épée à travers le corps. Cléopâtre se
suicida en se faisant piquer — prétend-on — par un
serpent. Le vainqueur fit mettre à mort Césarion
(Ptolémée XVI) et l'Égypte fut réduite à l'état de
province romaine.*

(Cliché A. Giraudon)

jours. Les Égyptiens avaient contre eux le nombre et la trahison. Ils furent battus. En vain, durant une journée, on chercha Ptolémée. On retrouva son cadavre sur le bord du Nil dont les eaux l'avaient rejeté, et on le reconnut à son corselet d'or.

César ne rentra pas à Alexandrie subrepticement, par la mer, comme il en était sorti. Son retour, par la belle rue de Canope, avait des allures de triomphe. Cette fois, les Alexandrins l'acclamèrent dans toutes les langues en usage dans leur ville : en grec, en syriaque, en hébreu, en arabe, en latin et même en égyptien.

— Salut à toi, Amon !

— Vie, santé, force à Râ !

— Béni sois-tu, Osiris !

— Gloire au fils d'Isis !

On lui donnait les noms des dieux dont on saluait les Pharaons depuis quatre mille ans et plus.

Dans le palais de Lochias César retrouva Cléopâtre, joyeuse et aimante, qui le reçut en libérateur. Devant les prêtres et le peuple, ils proclamèrent leur mariage.

Mari de la Reine, César était roi et dieu. Il voulut connaître ses États. Avec Cléopâtre, il s'embarqua sur le Nil à bord du « thalamegos», le navire royal, véritable palais flottant avec ses cours à colonnades, ses salles des fêtes et de festins, ses grottes, ses jardins d'hiver, ses chambres de repos : le tout orné de bois rares, de peintures, d'incrustations d'or et d'albâtre.

Quatre cents galères for-

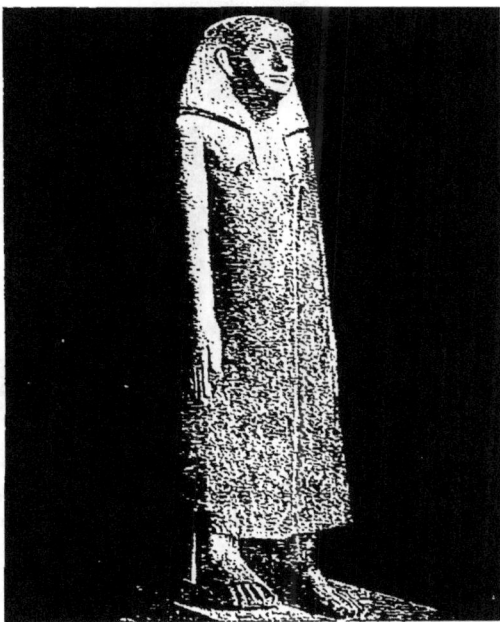

Cette statue de grès représente Iiméru, préfet de Thèbes ou plus exactement chef de son administration judiciaire. Ce magistrat est vêtu d'une jupe droite, insigne de sa dignité. Iiméru vécut 1700 ans avant notre ère.

(Musée du Louvre - Cliché Alinari)

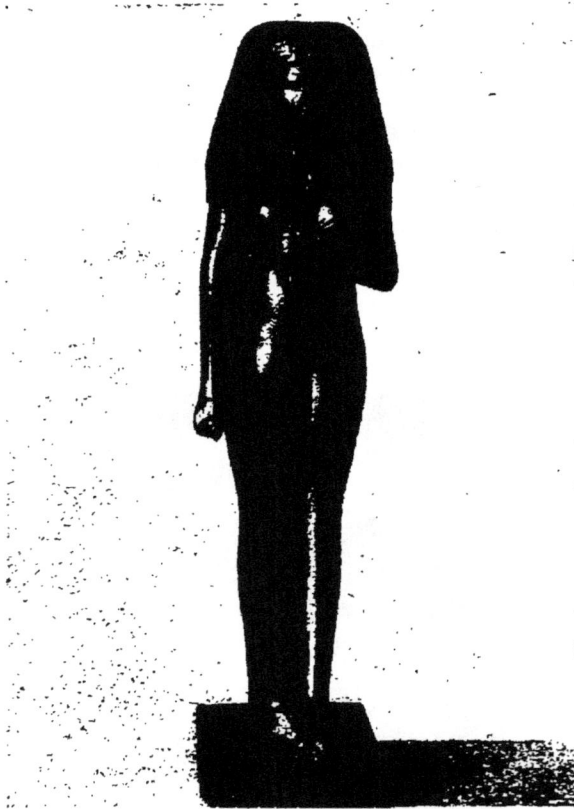

Peut-on imaginer bibelot plus gracieux que cette statuette en bois de la prêtresse Toui, supérieure des recluses de Min, qui vivaient dans le temple de ce dieu à Thèbes. Son corps nous apparaît joliment modelé sous sa longue robe de lin transparent. Sa lourde perruque encadre un visage à la fois grave, souriant et mutin. Cette œuvre date de la fin de la XVIIIe dynastie.

(Prêtresse Toui - Musée du Louvre-Cliché Archives Photographiques - Paris)

maient son escorte, chargées d'un millier d'hommes.

Le cortège nautique remontait lentement le Nil et, sur le « thalamegos », ce n'étaient que banquets, concerts, danses et chants, au milieu des parfums qui s'élevaient des cassolettes et laissaient sur le fleuve un long sillage odorant.

On passa Memphis, l'ancienne capitale. César put contempler les Pyramides de ses prédécesseurs Chéops, Chephren et Mycérinus, le Labyrinthe, le lac Moeris et Héracléopolis. Puis ce furent Hermapolis, Lycopolis, Panopolis, Ptolémaïs, Coptos, et enfin, au bout de trois semaines de voyage, Thèbes, ses temples, ses monuments, sur les deux bords du Nil.

Partout où l'on faisait halte, les honneurs divins étaient rendus à Amon et à Isis, à César et à Cléopâtre.

A la première cataracte, on s'arrêta.

Le nouveau souverain eût souhaité pénétrer jusqu'au cœur de la noire Éthiopie; mais les soldats menaçaient de se mutiner et refusèrent de faire remonter le courant aux embarcations. On prit le chemin du du retour.

César rentra au palais de Lochias et, au début de juillet — le mois qui lui était consacré, le mois de sa propre naissance — lui naquit un fils, auquel il imposa le nom de Césarion.

À Rome, cependant, de graves événements réclamaient la présence du dictateur et, un jour d'entre les jours, César — Amon, fils de Râ — quitta le palais d'Alexandrie avec ses galères, avec ses soldats. Du haut des terrasses, Cléopâtre agita son écharpe aussi longtemps qu'à la poupe de son navire elle put voir la silhouette de son époux, debout dans son paludamentum, le manteau rouge, insigne de son commandement.

Le beau rêve était fini.

La petite Reine ne pouvait pas vivre dans son palais merveilleux, si vide maintenant pour elle; elle alla rejoindre César à Rome et puis... ce furent les ides de mars, la mort du héros presque roi sous le couteau des assassins, le retour solitaire, le veuvage.

Trois années s'écoulèrent; Cléopâtre avait vingt-huit ans, sa beauté était plus épanouie, son charme plus subtil. Le monde était à nouveau partagé entre deux hommes : Octave et Antoine, le fils adoptif et lieutenant de César. Il y

Ainsi est représentée la déesse de la Vérité. Elle a surtout pour nous l'intérêt de nous montrer les ornements dont, à l'époque de la XIXᵉ dynastie (treize siècles avant notre ère), se paraient les femmes coquettes : la Vérité n'aime-t-elle pas à être embellie? Celle-ci porte des bracelets, un collier à plusieurs rangs (menat), un pectoral et un diadème complété par une plume légère.

(Déesse de la Vérité - Florence - Cliché Alinari)

« Le cheik El-Béled » (le maire du village) est sans doute un des contremaîtres préposés
à la surveillance des travaux de la pyramide de Chéops. Quelle vérité de geste et d'expression,
quelle intelligence sous ce front bombé, quelle vivacité dans ces yeux, quelle volonté dans cette
bouche et quel amour du bien-vivre dans ce ventre rondelet !

(Statue en bois - Musée du Caire - Cliché Archives Photographiques - Paris)

avait bien aussi un troisième triumvir : Lépide; mais qui se souciait de Lépide?

Antoine va aborder les rivages d'Afrique. Antoine, un colosse rieur, bon enfant, insouciant, prodigue pour ses amis, indulgent pour ses ennemis, fort comme Hercule, ivrogne comme Bacchus. Apporte-t-il dans les plis de sa toge la paix ou la guerre?

. Cléopâtre songe à Césarion, son fils, le fils de César, auquel elle destine la couronne d'Égypte et peut-être secrètement le sceptre de l'Empire romain, l'héritage de son père. Antoine peut réaliser ses

Une prêtresse, revêtue de la robe sacerdotale couverte d'inscriptions, présente le « naos » d'un dieu. Cette belle statue est de l'époque de la XXVIe dynastie, c'est-à-dire du VIe siècle·av. J.-C., époque de prospérité et de renaissance des beaux-arts.

(Rome - Musée du Vatican - Cliché Alinari)

rêves. Elle va au-devant du Romain. Au soudard brutal, la jolie Reine sourit. Hercule est vaincu par ce sourire. A la réception sur la galère romaine où s'étale un luxe lourd et grossier, elle répond par un banquet à bord de sa nef aux voiles pourpres, aux rames garnies d'argent, à la poupe en forme de tête d'éléphant, parmi les belles esclaves grecques et les athlétiques nègres de Nubie. Les mets sont si exquis, les vins si fameux, que Bacchus est amadoué.

— Accompagne-moi à Alexandrie, murmure Cléopâtre.

Antoine a accepté. Il est installé au palais de Lochias. Devant la Cour et devant les prêtres, il est devenu l'époux de la Reine. Cléopâtre a le champion qu'elle souhaitait.

Hélas ! Il pense bien à défendre les intérêts de Césarion contre les entreprises d'Octave, ce nouveau fils d'Amon et de Râ !

Pour l'heure, il ne songe qu'aux festins et aux banquets. Sous une pluie de fleurs et de parfums, sur un lit de pétales de roses, nuit après nuit, l'ancien lieutenant de César boit et mange, tandis que, pour son plaisir, évoluent les danseuses, s'égorgent les gladiateurs, travaillent les jongleurs, se contorsionnent les mimes et les pitres.

Antoine a réuni une sorte d'Académie, non pas de savants, de rhéteurs et de philosophes, mais d'experts dans l'art de boire et de manger : il les appelle les Inimitables Viveurs. A l'aube, devant les yeux désabusés de Cléopâtre, méprisante et impassible, on emporte le général romain ivre-mort.

Le jour, il faut se distraire. Antoine a imaginé de pêcher à la ligne dans le port, avec ses amis. Il ne prend pas de poissons et les spectateurs rient de sa déconvenue. Il invente un stratagème ; il fait descendre un plongeur qui garnit sa ligne chaque fois qu'il la jette à l'eau et Cléopâtre applaudit à ses succès.

Elle envoie, elle aussi, un nageur qui accroche à l'hameçon d'Antoine... un poisson salé.

Le Romain se fâche et la

Le buste d'un guerrier d'il y a quatre mille ans. Ce n'est pas une effigie mortuaire, aussi n'est-elle pas raidie dans l'attitude conventionnelle imposée aux morts.

(Rome - Musée Barracco - Cliché Alinari)

Reine lui dit doucement :

— Laisse à d'autres la canne à pêche : toi, tu as pour jouer les villes, les royaumes, les provinces.

La vie inimitable continue, coupée par des absences d'Antoine, obligé de s'arracher aux délices de Lochias pour aller contrecarrer les agissements d'Octave, son rival.

Au printemps de l'année 31 avant notre ère, les temps sont révolus, et il faut qu'Antoine ou Octave disparaisse de la scène du monde. Les deux armées, les deux flottes, sont au promontoire d'Actium ; la flotte égyptienne, avec Cléopâtre, est unie à la flotte d'Antoine.

La lutte suprême peut avoir lieu sur terre ou sur mer. Contrairement à l'avis de ses généraux, Antoine choisit la mer pour champ de bataille.

Quel gracieux sourire que celui de cette jeune femme, quelle expression de douceur et en même temps de malice. C'est une reine, ainsi que nous pouvons nous en convaincre à la vue du serpent qui orne sa coiffure et qui est le signe de la royauté dont il symbolise la puissance.

(Tête de reine - Musée du Louvre - Cliché Alinari)

Monté sur sa trirème (1) de commandement, le mari de Cléopâtre entraîne ses navires au large. Le combat est acharné. La victoire semble favoriser Octave. Pourtant, malgré ses pertes, la flotte d'Antoine résiste encore, et la situation peut se rétablir.

Au plus fort de l'engagement, Antoine se retourne ; il voit un spectacle qui le glace : la galère de Cléopâtre, avec ses voiles pourpres et sa proue en tête d'éléphant, s'enfuit vers le sud, suivie de la flotte égyptienne.

---

(1) Navire à trois rangs de rames.

Le Romain perd la tête.

— Suis le vaisseau de la Reine! crie-t-il au capitaine.

Antoine, abandonnant ses soldats, sa flotte, sa fortune et son honneur, s'élance dans le sillage de Cléopâtre.

Tout est perdu. Les ambitions de la fille des Ptolémées sont à jamais ruinées. Son champion, son mari, le protecteur de l'Égypte, le tuteur de Césarion, n'est plus qu'une loque humaine et vit seul, dans un coin du palais, indifférent à l'opprobre, satisfait de respirer le même air que la Reine.

Les Alexandrins atterrés se taisent. Les Inimitables Viveurs n'osent plus se montrer. Le deuil pèse sur Lochias, la superbe, dans l'attente d'une catastrophe.

Ce détail du sarcophage de la princesse Kaouit nous montre cette élégante à sa toilette. Elle tient à la main son miroir, tandis qu'une servante natte ses cheveux et que l'on verse devant elle du parfum dans une coupe. Elle-même porte à ses narines une autre coupe de liquide odorant. Sans doute va-t-elle faire son choix.

(Sarcophage de Kaouit - Cliché Archives Photographiques - Paris)

Cléopâtre a envoyé Césarion dans l'intérieur du pays; elle-même est absorbée dans un grand ouvrage : elle se fait construire dans ses jardins, à proximité de ses appartements, un tombeau.

Ce mausolée est à deux étages, un véritable petit palais. En bas la salle funéraire, en haut des chambres. N'est-ce pas ainsi que sont les tombes des Pharaons depuis les temps les plus reculés?

Le mausolée est à peine achevé que les coureurs viennent apporter la fatale nouvelle : Octave, à la tête de son armée, est sur les frontières du royaume.

Antoine est informé de ce qui se

Statue en bois d'un homme qui marche. Découverte dans une tombe royale de la XIIe dynastie (2000 à 1788 av. J.-C.) elle représentait sans doute un des serviteurs préférés d'un monarque. Cette période connut une heureuse prospérité du pays sinon un grand pouvoir centralisateur des pharaons. Ce fut une époque florissante pour les arts.

(Turin - Musée des Antiques - Cliché Alinari)

passe, par Eros, son esclave, le seul être dont il souffre la présence.

— Eros, dit-il en se redressant dans un sursaut de dignité, tu m'as juré que, lorsqu'il le faudrait, tu me rendrais le service de mettre fin à mes jours. Le moment est venu.

L'esclave tire son épée, mais, au lieu de frapper son maître, c'est dans son propre sein qu'il plonge son fer.

— Bien, Eros, s'écrie Antoine en voyant expirer son serviteur, tu montres à ton maître comment exécuter ce que tu n'avais pas le cœur de faire toi-même.

Ayant dit, le Romain se transperce à son tour du glaive; il ne meurt pas sur le coup et on l'emporte agonisant chez Cléopâtre.

A cette minute suprême, elle oublie tous ses ressentiments, ses rancunes, ses déboires; elle embrasse tendrement son époux. Il rouvre les yeux.

— Ne me pleure pas, dit-il faiblement; réjouis-toi, au contraire, du souvenir de notre passé; je meurs en Romain vaincu par un Romain.

Ainsi finit une union de dix années.

Les bijoux des Egyptiens, merveilles d'exécution et de fini, ont toujours une signification magique. Ce pectoral (ornement de poitrine) est en or enrichi de pierreries. On y remarque, avec ses ailes éployées, le faucon, oiseau d'Horus et par conséquent protecteur du Pharaon dont le nom est inscrit dans les deux cartouches au centre du bijou.

(Pectoral - Cliché Archives Photographiques - Paris

Soldats ! Songez que du haut de ces Pyramides quarante siècles vous
contemplent !
page 155.

Octave s'avance sur Alexandrie. Voulant tout faire pour sauver la couronne de son fils, Cléopâtre envoie des messagers au vainqueur lui demandant, pour seule grâce, de lui promettre de laisser régner Césarion et de lui épargner à elle le supplice d'être traînée captive à Rome.

Le neveu de César ne répond pas.

Choisissant, entre toutes ses femmes, deux esclaves fidèles, Iras et Charmion, Cléopâtre se rend à son mausolée, elle s'y enferme, comme si déjà elle était morte.

Dans ce triste refuge lui parviennent les accents des trompettes romaines. Octave fait

La capitale moderne de l'Egypte date du Xe siècle. Les monuments du Caire rappellent la longue domination turque. La ville est renommée dans l'Islam pour le nombre et la richesse de ses mosquées, dont nous voyons les coupoles et les minarets surgir au tournant des rues étroites.

(Le Caire - Cliché Lehnert et Landrock)

son entrée à Alexandrie : on lui ouvre à deux battants les portes de Lochias.

Courtoisement, il vient rendre visite à la Reine. Cléopâtre lui répète sa prière, lui fait remettre, pour l'amadouer, ses trésors et jusqu'à ses bijoux et les lettres de César. Elle se jette à ses pieds en pleurant. Elle est belle encore, malgré ses souffrances, malgré la quarantaine.

Octave lui parle doucement. Il promet.

Quand il est parti, Cléopâtre se tourne vers ses femmes :

— Il n'y a plus rien à espérer.

Elle commande un bain, se fait laver, parfumer. Iras et Charmi[
disposent sa belle chevelure en nattes autour de sa tête. Elle s'étend s[
sa couche, se fait servir un repas délicat et léger.

— Fermez les portes, ordonne-t-elle.

Dès que les lourds vantaux sont clos, elle réclame un couffin de figu[
qu'un paysan a apporté le matin même.

L'esclave lui présente le couffin. Elle s'écrie :

— Le voici donc !

Elle écarte les feuilles et les fruits. Tout au fond du panier, un pe[
serpent de l'espèce la plus venimeuse est enroulé sur lui-même.

Tard dans la soirée, Octave veut savoir ce que devient sa prisonniè[
Des officiers vont au mausolée. Ils défoncent les portes. Dans une d[

*Le Caire, tel qu'il nous apparaît aujourd'hui. On aperçoit dans l'encadrement de la po[
les tombes des Mamelouks, ces tyrans guerriers qui opprimèrent l'Egypte au nom du Sult[
de Constantinople, depuis le XIIIe siècle, jusqu'au moment où Bonaparte brisa leur puissan[*

(Le Caire - Tombe des Mamelouks - Cliché Lehnert et Landro[

chambres hautes, Cléopâtre gît comme endormie; deux minuscules marques roses paraissent sur son bras blanc : la morsure d'un serpent.

Iras et Charmion sont mortes près du cadavre de leur maîtresse...

Sur l'ordre d'Octave, Césarion fut recherché et découvert à Bérénice, au moment où il allait s'embarquer pour les Indes. Ramené à Alexandrie, des soldats l'étranglèrent.

Ainsi finit la dynastie des Ptolémées, descendants de Lagos, le compagnon d'Alexandre le Grand, de par la volonté d'Octave, celui que l'Histoire devait appeler Auguste le Clément.

Cette cuiller de toilette, destinée à contenir le fard dont les Egyptiennes coquettes se servaient abondamment, est plutôt un bibelot délicat qu'un objet utile.
(Cliché Archives Photographiques - Paris)

Les tombeaux des Mamelouks au Caire s'étendent sur un vaste espace. Le monument central est la mosquée de l'Imam Chafii, où ce saint personnage, fondateur d'un des quatre rites de l'Islam, est enterré. On reconnaît de loin le dôme gris-bleu de ce sanctuaire, lieu de pèlerinage vénéré.

(Le Caire - Tombeau des Mamelouks - Cliché Lehnert et Landrock)

CHAPITRE XII

LA CONQUÊTE DE BONAPARTE

Mourad était venu rendre visite à Ibrahim dans son palais. Il faisait une chaleur torride en cette journée de juin 1798, et les deux beys, les deux chefs des Mamelouks, qui se détestaient du fond du cœur mais se partageaient le gouvernement de l'Égypte, buvaient des boissons fraîches, mollement étendus sur les coussins des divans, en discutant des affaires de l'État.

Depuis la mort de Cléopâtre, l'antique royaume du Nil avait subi

bien des dominations diverses. Réduit en province romaine, il était
resté tributaire de Rome d'abord, de Byzance ensuite. Le Christianisme
était venu ruiner sa religion nationale, la caste sacrée de ses prêtres,
ses temples. L'île sainte de Philae avait conservé jusqu'en l'an 565 de
notre ère le culte d'Isis, et puis, là aussi, avait régné la Croix.

L'église d'Alexandrie brilla d'un vif éclat dans le monde chrétien;
malheureusement ses patriarches, plus absorbés par les hautes spécu-
lations métaphysiques que soucieux des trésors artistiques qui les entouraient, commencèrent la destruction des merveilles entassées par les
siècles.

Cette triste besogne fut parachevée par les conquérants arabes. Amrou,
lieutenant du calife Omar, s'étant emparé d'Alexandrie, écrivit à son
maître pour lui demander ce que l'on devait faire de la Bibliothèque du
Sérapéum.

*En 1798, Bonaparte, trompant les croisières britanniques, débarqua devant Alexandrie et
enleva d'assaut cette ville que défendaient les Mamelouks, maîtres de l'Egypte. Ce fut le point
de départ d'une campagne qui libéra le pays du joug détesté.*

(Prise d'Alexandrie - Cliché Fernand Nathan)

Avant la bataille des Pyramides, Bonaparte harangua ses troupes fatiguées par leur longue marche à travers le désert et sur le point d'attaquer des ennemis braves, féroces et nombreux. Son geste semble désigner les monuments pharaoniques de Gizeh et le peintre Gros nous le représente au moment où il prononçait cette phrase historique : « Soldats, du haut de ces Pyramides, quarante siècles vous contemplent. »

Omar répondit :

« S'il y a dans ces livres ce qui se trouve dans le Coran, brûle-les, puisqu'ils sont inutiles. S'ils ne contiennent pas ce qui se trouve dans le Coran, brûle-les encore, car ils sont mauvais ».

Pendant quinze jours les quatre mille bains d'Alexandrie furent chauffés par les rouleaux de papyrus, trésors dont nous déplorons aujourd'hui la perte.

Après avoir sévi durant quelque temps dans la ville de Cléopâtre, Amrou transporta sa capitale à l'emplacement de son camp et fonda Fostah — que nous appelons le Caire.

L'islamisme s'implanta dès lors en Égypte.

Nous ne relaterons pas les vicissitudes de ce pays au cours de la domination musulmane: ses sursauts d'indépendance souvent proclamée sous
le sabre des émirs, des sultans et des califes; les combats dont il fut
le théâtre au temps des Croisades.

À partir du XIIIe siècle, parurent les Mamelouks. Ce furent, en principe, des esclaves achetés dans différentes nations et dont on faisait des
soldats. Ils avaient usurpé le pouvoir et, depuis cette époque, avec des
hauts et des bas, ils étaient restés les
maîtres de l'Égypte, qu'ils gouver-
naient par la cruauté et la terreur.

Ibrahim et Mourad, que nous
venons de rencontrer dans le palais
d'Ibrahim, avaient eux-mêmes été
esclaves dans leur enfance. En usant
des pires moyens, ils s'étaient hissés
à la première place. Aucun des deux
ne voulant céder le pas à l'autre, ils
s'étaient d'abord combattus avec
acharnement; mais, voyant que leurs
discordes faisaient le jeu du Sultan
de Constantinople, leur maître
nominal, ils s'étaient décidés à se
partager le pouvoir.

Sous leur domination, les étrangers
et même les Turcs étaient maltraités,
rançonnés, persécutés; quant aux
misérables fellahs — artisans ou
paysans — leur vie était un enfer.
Quelques années plus tôt, les deux
compères n'avaient-ils pas accaparé
tous les grains et créé une famine
au cœur de ce pays où le Nil permet
une double récolte par an? Le peuple
mourait de faim pour qu'ils puissent
vendre au plus haut prix les denrées
accumulées dans leurs magasins.

Or donc, Mourad et Ibrahim cau-
saient et sirotaient doucement leur

*Cette boucle d'oreille en or appartenait
à Ramsès XII, pharaon de la XXe dynastie. Elle fut recueillie par Mariette à
Abydos en 1859. On y voit le vautour
aux ailes éployées, signe magique.*

(Cliché Archives Photographiques - Paris)

Le général Bonaparte au cours de sa campagne d'Egypte fit procéder à des fouilles. Ce tableau de Maurice Orange nous le montre contemplant une momie dont les savants, adjoints à l'expédition, viennent de découvrir le sarcophage.

(Bonaparte en Egypte (1798) - Cliché Fernand Nathan)

frais breuvage dans le kiosque du palais, lorsque M. Rosetti, consul d'Angleterre, se fit annoncer. M. Rosetti était le seul Européen pour lequel les Mamelouks éprouvassent quelque considération. Il était ce jour-là fort agité.

— Je viens, dit-il, vous faire part d'un grave événement : les Français vont, d'un instant à l'autre, débarquer à Alexandrie.

Ibrahim partit d'un grand éclat de rire :

— Eh ! que voulez-vous que cela nous fasse ?

— Il faut vous mettre en état de défense.

Ce fut au tour de Mourad de se divertir.

— Nous mettre en état de défense pour ces gens-là ! Quand il en débarquerait cent mille, il nous suffirait d'envoyer à leur rencontre les jeunes élèves mamelouks, qui leur couperaient la tête avec le tranchant de leurs étriers.

— Vous vous trompez sur leur valeur, insista M. Rosetti.

— Je connais les Français, répliqua Mourad, nous avons ici quelques cafedjis (1) de cette nation.

— Ceux-ci n'ont rien de commun avec les cafedjis, ce sont de redoutables soldats. Il faut vous préparer à combattre. Moi, je vous ai avertis, j'ai fait mon devoir.

Bonaparte venait en effet de débarquer à Alexandrie. Avant même que toutes ses troupes ne fussent à terre, il attaquait la cité d'Alexandre le Grand. Les Mamelouks qui se trouvaient dans la ville organisèrent la résistance. Elle fut courte. Les Français pénétrèrent par la brèche des vieilles murailles, et les plus braves des défenseurs allèrent s'enfermer dans le phare qui, à son tour, dut bientôt capituler.

Mourad et Ibrahim ne décoléraient pas.

— Ils n'arriveront pas jusqu'ici, proclama Mourad. Leur général est un fou : au lieu de suivre le bord du Nil, il a cru bon de couper à travers le désert; ses soldats mourront de soif avant d'être à mi-chemin.

Il est vrai que les soldats français enduraient d'atroces souffrances. Leurs habits de gros drap aux formes étri-

Lorsque Bonaparte, rappelé par les événements de France, quitta l'Égypte (août 1799), il y laissa le général Kléber à la tête d'une armée de 25.000 hommes. Kléber défit les Mamelouks à Héliopolis et parvint à réprimer une sérieuse insurrection au Caire. Il fut assassiné le 14 juin 1800 par un musulman fanatique.

(Kléber - Cliché Lévy-Neurdein

(1) Cafetiers.

A tous les coins des rues du Caire ou d'Alexandrie, on aperçoit de ces artisans travaillant solitairement à de petits métiers. Ce jeune tourneur opère par les mêmes méthodes que les artisans égyptiens employaient il y a quarante siècles.

(Cliché Lehnert et Landrock)

quées, au col relevé; leur grand chapeau de feutre noir qui leur tenait très chaud, mais garantissait mal du soleil leur nuque et leur visage; leur havresac trop lourd et surchargé de biscuits pour cinq jours; leurs buffetteries comprimant leur poitrine et gênant leur respiration; leur giberne, leur sabre qui leur battait les jambes, sans compter leur lourd fusil : tout les torturait, les suppliciait, rendait intolérable leur marche dans les sables brûlants.

Au surplus, point d'eau. L'avant-garde trouvait encore à se désaltérer dans les puits; mais ceux qui venaient après ne tiraient plus qu'une boue infecte remplie de vers et de sangsues, une eau si nauséabonde que les chevaux eux-mêmes, malgré leur soif, refusaient d'y goûter. Si un malheureux, vaincu par la fatigue, tombait sur la piste ou restait tant soit peu en arrière, il était sûr d'être pris par les Bédouins ou les Arabes et massacré avec des raffinements de cruauté.

Et cependant l'armée française approchait.

Une première tentative fut organisée pour arrêter Bonaparte : les Mamelouks, vêtus d'habits éclatants, couverts d'or et d'argent, montés sur les meilleurs chevaux du monde, armés d'excellentes carabines et de pistolets venus d'Angleterre et de ces sabres recourbés, légers et tranchants comme des rasoirs dont ils se servaient avec maestria, s'en allèrent au combat comme à une partie de plaisir.

A Damanhour, ces superbes cavaliers rencontrèrent les colonnes françaises, fatiguées, mais maintenant désaltérées et à qui l'attente de la bataille avait redonné toute leur énergie. La tactique imaginée par Bonaparte surprit les Égyptiens. Les Français, lorsque l'ennemi était en vue, formaient des carrés par divisions; au milieu des carrés on plaçait le convoi; aux angles, les canons étaient mis en batterie. Dès que la charge approchait de ces citadelles vivantes, hérissées de baïonnettes, elles paraissaient éclater. Un feu de mousqueterie bien ajusté, des rafales de mitraille couchaient les assaillants.

Après quelques tentatives, les Mamelouks qui n'étaient pas en force se replièrent.

La ville du Caire commençait à s'agiter. Les pauvres gens, Égyptiens autochtones, entrevoyaient l'espoir d'être délivrés de leurs odieux tyrans.

On avait embrigadé vingt mille fellahs. Les Mamelouks étaient au nombre de dix mille et il y avait encore environ cinq mille janissaires et auxiliaires arabes. La gauche de cette armée était appuyée aux Pyramides de Gizeh.

Bonaparte disposait de cinq divisions formées en carrés. Il était heureux de voir en face de lui toutes les forces ennemies, qu'il comptait bien abattre d'un seul coup. Il passa devant le front des troupes et, montrant à ses soldats les tombes colossales des trois Pharaons, qui s'éclairaient des rayons du soleil levant, il s'écria :

« — Soldats ! Songez que du haut de ces Pyramides quarante siècles vous contemplent ! »

Le spectacle était grandiose, du Caire avec ses minarets, du grand fleuve, des armes étincelantes et des somptueux habillements des dix mille cavaliers mamelouks.

Les ordres passèrent de carré en carré, l'armée française s'ébranla. Aussitôt les Mamelouks se précipitèrent et firent face de tous côtés avec un sang-froid admirable; les Français laissèrent les cavaliers ennemis s'approcher à quinze pas, puis le feu se déchaîna.

Les deux premiers rangs des Mamelouks tombèrent; le reste de la charge, emportée par le galop des chevaux, arriva sur les baïonnettes; les boulets avaient creusé des sillons sanglants dans les rangs. Les cavaliers firent demi-tour, puis chargèrent une deuxième fois; comme leurs chevaux refusaient d'avancer vers les pointes d'acier, ils leur faisaient faire volte-face, les forçaient à marcher à reculons, les obligeaient à se cabrer et à se renverser en arrière sur les fantassins. Les cavaliers démontés se traînaient sur les genoux, rampaient comme des

L'heure de la prière dans la mosquée El-Mouaïyad, construite par le sultan El-Mouaïyad-Mahmoudi de la dynastie des Mamelouks tcherkesses et terminée en 1422, après sa mort. Son fondateur y est enterré. La décoration de ce sanctuaire est riche et de bon goût, faite de marbre multicolore et de colonnettes bleues en terre émaillée.

(Le Caire - Mosquée El-Mouaïyad - Cliché Lehnert et Landrock)

serpents et allaient couper les jarrets des soldats. La mêlée dura près de trois-quarts d'heure. Devant ces attaques furieuses et désespérées, les soldats français ne quittèrent pas un instant leurs rangs et continuèrent, comme à la parade, à exécuter les feux de salve. Enfin, les débris des escadrons mamelouks prirent la fuite; il ne resta plus sur le terrain que les morts et les blessés.

Alors les carrés se rompirent; l'armée se déploya sur une grande ligne, s'avança contre les retranchements d'Embabéh et rejeta dans le Nil les fellahs et les janissaires. Les fellahs se sauvèrent facilement à la nage; au contraire, les Mamelouks et les janissaires, empêtrés dans leurs lourds vêtements, coulaient à pic.

Le Caire se dressait maintenant sans défense devant l'armée de Bonaparte.

Le lendemain matin, le général faisait son entrée. Les curieux qui se pressaient dans les rues pour voir les Français n'étaient que les petites gens, ceux qui n'avaient rien à perdre; ils furent stupéfaits de l'attitude du vainqueur: ils ne s'imaginaient un conquérant que le sourcil froncé et le regard courroucé, ils ne pouvaient pas croire que c'était à eux que s'adressaient les sourires du général et ceux de son état-major. Les fantassins défilaient en ordre et sans rien piller; lorsqu'ils eurent atteint leurs casernements et qu'on leur eut permis de se promener librement par les rues, ils étonnèrent encore bien plus les populations par leurs manières affables et leur parti-pris de ne rien prendre sans payer.

La nouvelle se répandit dans la ville; les partisans des Mamelouks, eux-mêmes, se risquèrent à sortir, et il ne leur fallut pas longtemps pour se familiariser avec les étrangers.

Installé dans une belle maison de la place Ezbékyeh, la place centrale et la plus animée de la cité, Bonaparte s'attacha, aussitôt arrivé, à faire régner l'ordre et la justice. Il rétablit le « Divan », ou Conseil du gouvernement, qu'il présidait et dont faisaient partie les notables du pays.

Pendant ce temps, des colonnes volantes pourchassaient les débris des escadrons mamelouks et les taillaient en pièces. Mourad et Ibrahim furent contraints, le premier à se réfugier dans la Haute Égypte, le second à gagner la Syrie.

Un jour, tandis qu'il tenait son Divan avec les grands cheiks, on vint annoncer au général qu'un fellah avait été tué par des Arabes et que ses troupeaux avaient été volés. Bonaparte s'emporta et ordonna à un officier d'état-major d'organiser une expédition punitive afin d'obtenir réparation.

Un des témoins de la scène, le cheik El-Madi, s'ébahit de voir le général s'émouvoir si fort pour un motif aussi futile. Il demanda en riant :

— Est-ce que ce fellah est ton cousin, que sa mort te mette ainsi en colère?

— Oui, répliqua Bonaparte, tous ceux que je commande sont mes enfants.

— Sahib, s'écria le cheik, tu parles comme le Prophète.

Les Égyptiens ne tardèrent pas à donner à Bonaparte le surnom d'El Kebir, ce qui signifie le Grand.

Après avoir complètement écrasé les Mamelouks, après avoir porté
la guerre jusqu'à Saint-Jean d'Acre, Bonaparte, le 22 août 1799, quitta
l'Égypte pour aller vers son grand Destin.

C'est en Égypte, la chose mérite d'être soulignée, dans ce pays où
furent rédigées les premières lois humaines, élaborés les premiers traités
internationaux, que le plus grand législateur des temps modernes
s'exerça, pour la première fois, au gouvernement des peuples.

Sur le trône des Pharaons, qui remonte si loin qu'on peut le croire
établi par un dieu, s'assirent les trois plus grands conquérants que le
Monde ait portés. De quelle ville peut-on dire comme d'Alexandrie,
qu'elle fut fondée par Alexandre, défendue par César et conquise par
Napoléon?

Quel surhomme le Sphinx, allongé depuis cinq millénaires au pied
des Pyramides de Gizeh, espère-t-il encore voir de ses yeux de pierre?

*Les femmes indigènes que l'on rencontre sur
les chemins aux environs du Caire conservent
les gestes nobles de ces porteuses d'offrande, dont
les statuettes ornent les tombes plusieurs fois
millénaires.*

(Cliché Lehnert et Landrock)

CHRONOLOGIE DE L'ÉGYPTE ANTIQUE

PÉRIODE LÉGENDAIRE.

PÉRIODE THINITE. Ire et IIe dynasties (3400 à 2980 av. J.-C. environ).

ANCIEN EMPIRE (ÉPOQUE MEMPHITE). IIIe à VIe dynasties (2980 à 2475 av. J.-C.). Cette époque est celle des Pharaons : Chéops, Chéphren et Mycérinus, constructeurs des pyramides de Giseh.

PÉRIODE INTERMÉDIAIRE (ÉPOQUES MEMPHITE ET HÉRACLÉO-POLITAINE). VIIe à Xe dynasties (2475 à 2160 av. J.-C.).

MOYEN EMPIRE (Ire ÉPOQUE THÉBAINE ET ÉPOQUE DES ROIS PAS-TEURS OU HYKSOS). XIe à XVIIe dynasties (2160 à 1580 av. J.-C.).

NOUVEL EMPIRE (2e ÉPOQUE THÉBAINE). XVIIIe à XXe dynasties (1580 à 1090 av. J.-C.). La XIXe dynastie comprend Ramsès II ou Sésostris.

EMPIRE TANITE. XXIe dynastie (1090 à 945 av. J.-C.).

EMPIRES BUBASTITE, TANITE, SAÏTE ET ÉTHIOPIEN. XXIIe à XXVe dynasties (945 à 663 av. J.-C.).

ÉPOQUE SAÏTO-PERSANE. XXVIe à XXXe dynasties (663 à 332 av. J.-C.).

ÉPOQUE GRECQUE. Alexandre et les Ptolémées (332 à 30 av. J.-C.).

ÉPOQUE ROMAINE. Empereurs romains (30 av. J. C. à 395 après J.-C.).

NOTE. — Les clichés portant la mention : « Archives Photographiques » reproduisent des œuvres figurant soit au Musée du Louvre, soit au Musée du Caire.

Sur le Nil se règle la vie de l'Egypte. Tous les ans, quelques jours avant le solstice d'été, le fleuve grossit; il atteint sa plus grande hauteur aux environs de l'équinoxe d'automne. Il a apporté dans les campagnes le limon fécondant qui assure les belles récoltes.

(Louqsor - Traversée du Nil - Cliché Lehnert et Landrock)

TABLE DES MATIÈRES

Printed in France
Imprimerie spéciale de la Librairie
Fernand Nathan. Paris

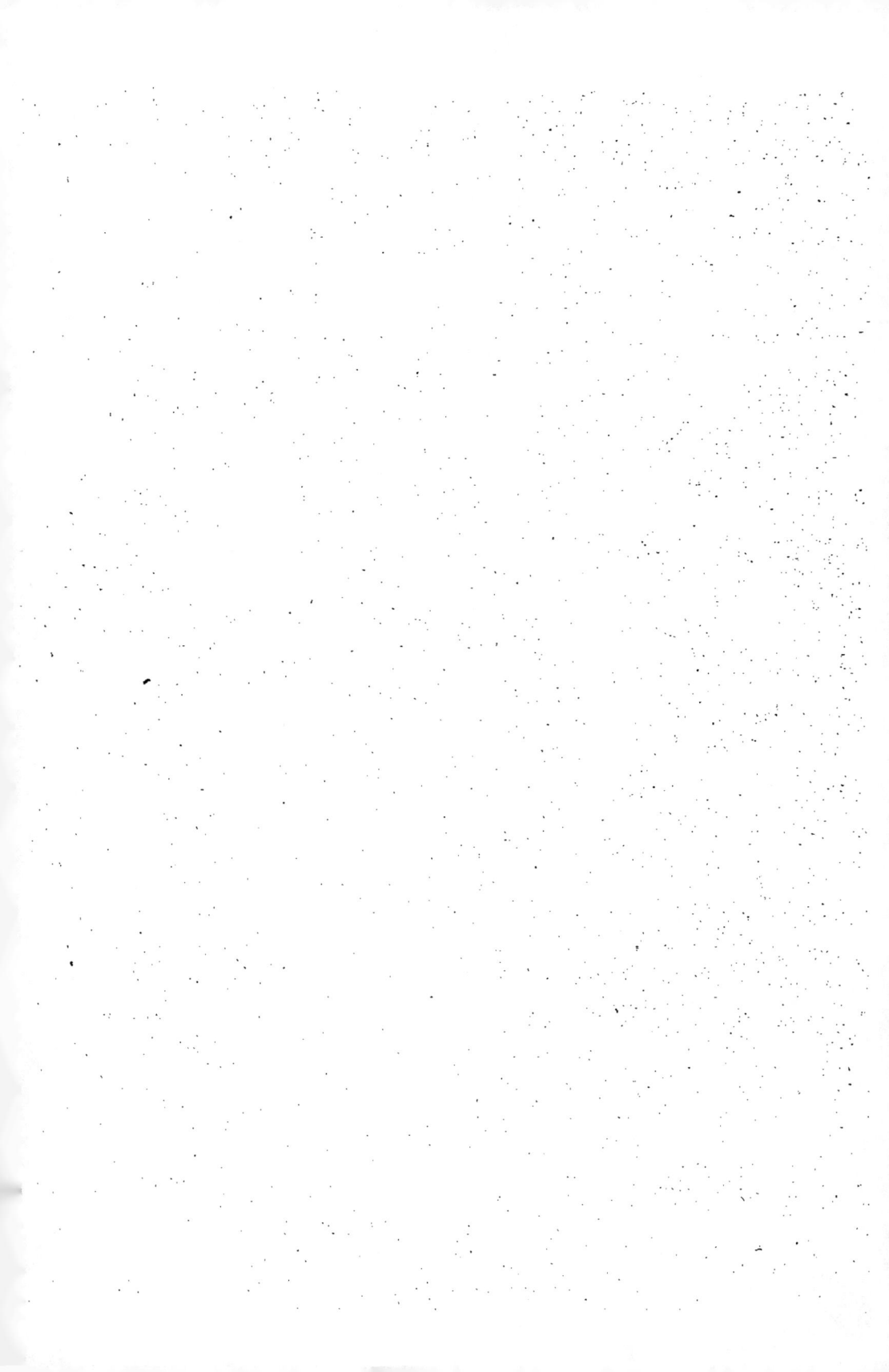

www.ingramcontent.com/pod-product-compliance
Lightning Source LLC
Chambersburg PA
CBHW052048090426
42739CB00010B/2086